SECONDE PARTIE
DU RECUEIL
DE
DIVERS MÉMOIRES
RELATIFS AU TRAITÉ DE COMMERCE
AVEC L'ANGLETERRE,

Faits avant, pendant, & après cette négociation.

PAR M. BOYETET,

Conseiller d'Etat, Inspecteur général, Directeur du Commerce pendant les années 1787 & 1788.

1789.

TABLE

De la seconde partie du Recueil des Mémoires relatif au Traité de Commerce avec l'Angleterre.

LETTRE

DE M. DE VILLEDEUIL,

A MM. Boyetet & Dupont, Conſeillers d'Etat, Commiſſaires généraux du Commerce (1).

Je vous recommande, Meſſieurs, très-particuliérement de vous occuper auprès des négocians & marchands diſtingués par leurs connoiſſances & par leur probité, des recherches néceſſaires pour parvenir à connoître la nature des marchandiſes de toutes eſpeces qui ſont apportées d'Angleterre à Paris, les avantages

(1) M. Boyetet ayant beſoin de faire auprès du Commerce toutes les recherches relatives aux ſuites du Traité de Commerce avec l'Angleterre, jugea devoir engager M. de Villedeuil à ſigner cette lettre, pour lui ſervir comme de paſſe-port auprès de la multitude de perſonnes chez qui il étoit obligé de porter ſes recherches. Le ſieur Dupont prit également une de ces lettres; on ignore l'uſage qu'il en a fait; on verra par les huit mémoires qui ſuivent, l'uſage qu'en fit M. Boyetet.

qu'elles ont ſur celles de France, tant par leur qualité que par leur prix, & enfin tout ce qui peut mener à connoître les moyens qu'on pourroit prendre pour mettre l'induſtrie du Royaume en état de ſoutenir leur concurrence avec avantage.

Je ſuis très-parfaitement,

MESSIEURS,

Votre affectionné ſerviteur,
ſigné DE *VILLEDEUIL.*

INTRODUCTION.

Ce nouveau travail paroîtra bien long. On verra qu'on a cherché à entrer dans tous les détails qui pouvoient éclairer l'Adminiſtration ſur les avantages de toute eſpece que les Anglois ont ſur les François, en matiere de commerce ; ſur leurs cauſes, & ſur la différente façon de penſer des deux Nations ; enfin qu'on a fourni ſur ces divers objets toutes les idées & vues qui pouvoient fournir les moyens d'arrêter les fâcheux effets du Traité, & amener les François au point de pouvoir lutter avec égalité. On verra également qu'on n'a rien diſſimulé ſur tous les vices de l'Adminiſtration, de façon qu'il ſeroit poſſible de tirer de toutes les réflexions éparſes dans ce travail, un corps preſque complet des réformes qu'il y auroit à faire, & des moyens qu'il y auroit à prendre pour relever l'induſtrie & le commerce, & leur procurer toutes les améliorations dont ils ſont ſuſceptibles.

Tous ces moyens & meſures étoient au deſſus des forces du Gouvernement. Les changemens qu'il a éprouvés, les mettent aujourd'hui à ſa portée ; c'eſt ce qui mérite toute l'attention de la Nation actuellement aſſemblée.

RECUEIL
DE
DIVERS MÉMOIRES,
RELATIFS AU TRAITÉ DE COMMERCE
AVEC L'ANGLETERRE.

PREMIER MÉMOIRE.

Obſervations ſur le Traité de Commerce entre la France & l'Angleterre (1).

LE traité de commerce entre la France & l'Angleterre étant ſigné & ratifié par la France, toutes réflexions ſur ſes avantages ou ſes inconvéniens, deviennent inutiles & ſuperflues. Il ne doit plus être queſtion que de s'occuper des moyens de tirer le plus grand parti poſſible de ſes avantages, & de diminuer, autant qu'il ſera poſſible, ſes inconvéniens.

Les avantages très-décidés que ce traité pré-

(1) Travail préſenté en octobre 1787, & lu à M. Lambert, pour lors Contrôleur général.

ſente à la France, ſont le débouché de ſes vins, ceux de ſes eaux-de-vie, vinaigres, & ſavons, glaces, toiles de Saint-Quentin, &c.

La diminution de droits ſur les vins fait eſpérer une grande augmentation de leur conſommation en Angleterre; il eſt eſſentiel de veiller à ce que des droits intérieurs en Angleterre (1), ſous le nom d'acciſe ou toute autre dénomination, ne rendent illuſoire cet eſpoir; il eſt eſſentiel de recommander ce ſoin aux Miniſtres du Roi & aux Conſuls qui ſeront envoyés en Angleterre, & qu'ils portent la même vigilance ſur tout ce qui peut intéreſſer les François & leur commerce dans toutes ſes parties.

Les Anglois ont les plus grands avantages ſur les François dans bien des genres dinduſtrie; & c'eſt ce qui forme les inconvéniens de ce traité. Il eſt donc queſtion de chercher tous les moyens de les diminuer autant qu'il ſera poſſible. Mais pour y parvenir, il faut connoître les cauſes de ces avantages; elles ont leur ſource principale dans la différence de conſtitution des deux Etats: c'eſt ce qui exige d'entrer dans ces détails.

En Angleterre, les impôts qui tombent ſur les terres ſont fixes & invariables, ſur le pied de 3 ou 4 ſous par livre, ſur un cadaſtre formé il y a plus

---

(1) Il paroît que ces craintes ſe ſont vérifiées.

de cent ans ; ce dernier prix de 4 ſous eſt celui qui ſe paye depuis nombre d'années. On peut juger quelle augmentation ont dû éprouver les valeurs des productions de la terre depuis un ſiecle, & que ce droit qui paroît d'un cinquieme, doit être réduit à beaucoup moins d'un dixieme ſur la véritable valeur actuelle.

La perception s'en fait dans chaque Comté par les contribuables, & s'en verſe directement au tréſor royal.

Ce ne ſont pas les ſeuls avantages de cette forme : ſon taux invariable procure aux poſſeſſeurs des terres la ſûreté de pouvoir ſe livrer à toutes les améliorations dont leurs terres ſont ſuſceptibles, ſans que l'augmentation de leurs revenus puiſſe en occaſionner aucune dans le taux de leur impôt.

Il convient de comparer la conſtitution françoiſe ſur la même partie.

Les impôts qui tombent ſur les terres, ſont la taille, la capitation, & les vingtiemes.

La taille, produiſant 91 millions, fait exactement 4 & $\frac{1}{3}$, de vingtiemes évalués à 21 millions chacun.

La capitation, portée à 41 millions, fait à peu près deux vingtiemes.

Tous ces droits réunis aux deux vingtiemes qui ſe paient actuellement, font 8 $\frac{1}{3}$ de 20es ; ce qui correſpond à 41 $\frac{1}{2}$ p. $\frac{0}{0}$. & eſt par conſéquent quatre ſois plus fort que ce que payent les terres en Angleterre (1).

Ce n'eſt pas la ſeule différence ; ces impôts, outre qu'ils portent ſur les valeurs actuelles, varient continuellement, & ſont ſuſceptibles d'augmentations proportionnées à celles qu'il y a dans les produits, ſoit par amélioration dans les cultures, ſoit par augmentation de beſtiaux, &c., ou tous autres effets quelconques des dépenſes ou efforts de l'induſtrie des propriétaires.

C'eſt à quoi on peut ajouter l'arbitraire qui regne le plus ſouvent dans la répartition de ces impôts.

Leur perception eſt faite par des Collecteurs, ſouvent ruinés dans cette commiſſion, dont le déficit retombe en augmentation de la taille des autres contribuables, & le tout eſt exécuté de la part du Receveur des tailles avec une dureté & des contraintes dont les détails ſont trop fâcheux & trop connus pour les préſenter.

Il n'y a aucune taxe perſonnelle en Angleterre ſur les habitans des campagnes ; l'impôt ſur les fenêtres pourroit être regardé comme l'équivalent de la capitation ; mais comme les maiſons

---

(1) On n'a pas prétendu à une exactitude rigoureuſe dans ces calculs ; il ſuffit qu'ils donnent une idée en gros du réſultat de la comparaiſon.

qui n'ont que six fenêtres & au dessous, sont exemptes de cette taxe, les habitans des campagnes, & sur-tout les fermiers, petits cultivateurs & manœuvres, ont les moyens de s'en exempter; au lieu qu'en France les plus pauvres ne sont point exempts de la capitation.

Il est inutile de s'appesantir sur ces détails; ils suffisent pour faire connoître la différence énorme qu'il y a entre le sort des propriétaires des terres & des habitans de la campage en Angleterre, & ceux de France.

Ces premiers payent des impôts très-modiques, fixés invariablement, avec la liberté d'y faire toutes les dépenses qu'ils jugent convenables, pour en tirer le plus grand parti possible, sans craindre que l'impôt puisse être augmenté, avec l'avantage de n'avoir point à supporter le joug des exacteurs, & sans être sujets à aucune capitation (1).

Ceux de France paient au contraire des impôts infiniment plus forts, doubles, & triples au moins, toujours exposés à être augmentés,

---

(1) On a omis de faire mention de la taxe pour les pauvres qui se paye en Angleterre, & qui est forte. On doute cependant qu'elle change beaucoup la vérité de ces assertions, dans la comparaison exacte de ce que payent les propriétaires des biens-fonds des deux nations.

ſuivant les beſoins du Gouvernement, & ſouvent ſuivant les caprices des Intendans, de leurs Subdélégués, & des exacteurs mêmes; caprices auxquels les puiſſans & les riches ſont moins expoſés que les pauvres, ſur leſquels ils tombent avec leurs abus. L'effet général de cette poſition doit être d'éloigner les uns & les autres de faire aucuns efforts pour l'amélioration de leurs terres; qu'elles ſoient bien éloignées de produire tout ce qu'elles pourroient; qu'elles ne faſſent pour les propriétaires riches que des reſſources foibles & précaires, & que le ſort des médiocres & des pauvres ſoit des plus miſérables; ce qui doit néceſſairement influer beaucoup ſur l'abondance des matieres premieres, aliment de l'induſtrie & du commerce.

Il convient de ſuivre la même comparaiſon ſur l'état de ces deux dernieres parties dans les deux Royaumes.

L'Angleterre a le plus grand avantage ſur la France dans les manufactures de laine; ce qui le prouve d'une façon inconteſtable, c'eſt l'avantage décidé qu'elle a dans tous les marchés étrangers ſur celles de France, dans la plus grande partie des étoffes de cette eſpece.

Elle en eſt redevable à la qualité de ſes laines, bien ſupérieures à celles de France, & à leur bon marché, cauſé par l'abondance de ſes troupeaux, & par la rigueur avec laquelle on y empêche l'exportation des laines.

En France, les laines ſont très-inférieures, & une grande partie de celles qu'on y emploie ſont étrangeres. On connoît la poſſibilité d'améliorer la qualité des laines en France; ſes provinces du Nord & du Midi préſentent les moyens d'en avoir qui approchent de la beauté de celles d'Angleterre & de celles d'Eſpagne. Mais cet eſpoir ne peut ſe réaliſer, tant que le ſort des cultivateurs ne ſera pas changé par la réforme de la nature des impôts, & de la forme de leur perception, & même pour lors, il faudra beaucoup de temps, de ſoins, de dépenſes, & d'encouragemens de la part du Gouvernement, pour mettre les cultivateurs en état de changer & améliorer les races des troupeaux actuellement exiſtans.

Les eſſais faits par M. d'Aubenton, ceux faits en Berri, en Picardie, & leur réuſſite ſont connus; leurs moyens ſont conſignés dans de beaux & bons mémoires, qui ſont dans les mains du public. Quels effets y ont ils produits, ſi ce n'eſt d'en démontrer la poſſibilité? Derechef, une pareille révolution ne peut être que le fruit du temps, des dépenſes, & des efforts du Gouvernement, confiés aux ſoins des Aſſemblées provinciales; en préſenter la prompte poſſibilité ſeroit ſe tromper & induire le Gouvernement en une erreur qui ne feroit que prolonger le mal, & l'éloigner des vrais & seuls moyens qu'il doit employer pour y apporter remede.

En attendant, ce changement ne sera certainement pas dans l'espace de dix ans, durée du traité avec l'Angleterre. L'entrée des étoffes de laines d'Angleterre, avec un droit de 10 p. $\frac{o}{o}$, menace un grand nombre de manufactures de France d'être écrasées par le bon marché de celles angloises.

Il y a sans doute quelques raisons pour se flatter que ce mal ne sera pas aussi général, comme on le craint, mais cependant elles ne peuvent manquer d'en recevoir beaucoup de tort.

Les Anglois sont en état d'établir par-tout leurs étoffes de coton à 25 p. $\frac{o}{o}$ meilleur marché que les François; il y auroit donc la même crainte à former pour les manufactures de coton de France, que pour celles de laines : mais il y a une observation consolante à faire. Les Anglois n'ont aucun avantage sur les cotons, le Levant & nos Colonies nous en fournissent plus que nous n'en consommons; les Anglois viennent même en acheter en France; ils n'ont donc d'autre avantage sur les François que la grande perfection & bon marché de leur fabrication, à l'aide de leurs inventions. Nos manufactures font leurs efforts pour les imiter, & font des progrès.

Il eſt eſſentiel que le Gouvernement les ſeconde, & porte ſes vues ſur tous les moyens de concourir à leurs ſuccès, ſans quoi l'introduction des étoffes angloiſes pourroit arrêter leur marche, & faire le plus grand tort à cette induſtrie, qu'on peut conſidérer encore comme naiſſante en France.

Les Anglois ont pouſſé l'induſtrie ſur les quincailleries au plus grand point de perfection; ils en font un commerce immenſe, & ils en pourvoiront toute la France, où cette induſtrie eſt encore très-bornée. Les Anglois n'ont d'autre avantage ſur cet article, que leurs talens; la France peut, à force de ſoins & d'efforts, mettre ſes Ouvriers en état d'égaler les Anglois; mais ce ne peut-être que le fruit du temps & de la juſteſſe des meſures & des moyens qu'elle prendra pour y parvenir.

Telle eſt la poſition actuelle des deux Royaumes, relativement aux principaux objets de leur induſtrie; il reſte à les examiner ſur un autre point très-eſſentiel, qui eſt le régime que ſuivent les deux Puiſſances, relativement à l'adminiſtration de tout ce qui a rapport à l'induſtrie & au commerce.

En Angleterre, l'induſtrie ne paye aucune taxe directe; au contraire, en France elle en paye qui ſont aſſez fortes, & ſur-tout fort arbitraires. Les grands comme les petits y ſont ſujets; & ceux ci ſont plus expoſés a tous ſes abus;

de façon que dès qu'un homme s'adonne à un genre d'induſtrie, quelque bornée qu'elle ſoit, il eſt aſſuré qu'on augmente ſes taxes en proportion, & ſouvent le caprice en fixe le taux; charges, inconvéniens, & abus dont l'Anglois eſt entierement libre. On peut juger de toute la différence dans le ſort des claſſes induſtrieuſes des deux Nations, & combien elle donne d'avantage à l'Anglois ſur le François, dans tout ce qui a rapport à l'induſtrie.

En Angleterre, les réglemens ſont arrêtés & fixés par le Parlement, & après les examens & diſcuſſions ſur ce qui eſt préſenté pour & contre par les intéreſſés; de façon qu'ils ſont toujours dirigés au plus grand avantage du commerce.

On ne ſuit jamais en France cette méthode: les réglemens ſont le plus ſouvent faits à ſon inſçu, & varient continuellement d'après le plus ou le moins de lumiere des adminiſtrateurs, ou de ceux qui les approchent, & le plus ſouvent ſont dictés par l'eſprit fiſcal & réglementaire, rarement d'accord avec les véritables intérêts du commerce, qui ſe trouve, par ces variations fréquentes, continuellement expoſé à des nouveautés auxquelles il ne s'attendoit pas, qui le gênent, vexent, & troublent dans ſa marche & dans ſes opérations (1).

---

(1) Il n'étoit pas poſſible de s'expliquer plus clairement; il falloit néceſſairement le faire avec ménagement.

On fera les mêmes réflexions ſur le commerce en général, & ſur toutes les diſpoſitions qui y ſont relatives; de façon que le commerce en France ſe trouve fréquemment ſurpris par des diſpoſitions générales ſur les objets les plus intéreſſans, auxquelles il ne s'attendoit pas, qui dérangent tout d'un coup toutes ſes ſpéculations, & l'expoſent à des pertes conſidérables; ce qui rend l'état du Commerçant françois le plus précaire & le plus dangereux, pendant que celui du Commerçant anglois eſt totalement à labri de tous ces inconvéniens, attendu que ſon ſort ne dépend du caprice de perſonne, mais ſeulement des arrêtés du Parlement, qui ne ſtatue rien ſans avoir entendu les intéreſſés.

Si l'on veut entrer dans l'examen de la liberté entiere dont jouit l'Anglois dans la diſpoſition des productions du ſol & de l'induſtrie, & enfin dans celle des fruits de ſes travaux, dans la liberté entiere, dans la circulation intérieure, & dans toutes les opérations relatives au commerce, & qu'on compare avec le ſort tout contraire qu'éprouve le François ſur tous ces objets; qu'on juge des conſéquences & des effets, par la comparaiſon de l'état d'aiſance des deux Peuples, & particulierement des habitans de campagne.

C'eſt d'après tous ces détails qu'on peut juger de tous les avantages que l'agriculture, l'induſtrie, & le commerce ont en Angleterre sur les mêmes parties en France. On en peut conclure que la France ne peut soutenir chez elle-même la concurrence des Anglois, tant qu'elle ne mettra pas son industrie & son commerce en état de lutter contre eux avec égalité d'avantage, & que, pour y parvenir, il est absolument nécessaire qu'elle réforme tous les abus dans la nature des impôts & dans la forme de leur perception, ainsi que ceux dans la forme de l'administration de ces intéressantes parties : si elle prend ce parti, elle peut être tranquille sur ses succès les plus complets, de la part d'une Nation aussi active qu'industrieuse que la françoise, dès qu'elle sera dégagée de toutes les charges, gênes, & entraves qui l'oppriment ; & si c'est ce traité qui force l'administration à ouvrir les yeux sur une matiere aussi importante, on pourra le regarder comme l'événement le plus heureux, puisqu'il aura amené une révolution aussi nécessaire & aussi avantageuse, & dont dépend essentiellement le bonheur & la richesse de la Nation & la force de l'Etat (1).

(1) Il n'étoit pas possible de présenter plus clairement tout ce qu'il y avoit à faire ; mais c'étoit prêcher dans le désert. Il n'y avoit ni force, ni moyen, ni pouvoir suffisans dans les Administrateurs, pour opérer toutes ces réformes, quelque persuadés qu'ils eussent été de leur nécessité.

DEUXIEME

DEUXIEME MÉMOIRE.

Résultats des recherches de M. Boyetet, sur les effets du Traité de Commerce avec l'Angleterre.

LES Anglois ont apporté & apportent par les ports de Dunkerque, Calais & Boulogne, & par ceux du Havre, Rouen & Bordeaux, des quantités immenses de marchandises de toutes especes, dont ils ont inondé Paris & les Provinces, où ils se répandent & établissent des magasins, au point qu'elles regorgent par-tout, & qu'ils les donnent à très-bas prix, & au dessous même de ceux auxquels les spéculateurs François qui en ont fait acheter en Angleterre, peuvent les donner sans y perdre ; ce qui porteroit à juger qu'ils sont aidés sourdement par leur Gouvernement. On sait que c'est sa méthode pour écraser l'industrie des pays dans lesquels il se procure l'admission de ses marchandises. Mais quand même il n'emploieroit point ce moyen, il suffit de connoître la nature des établissemens de commerce dans ce pays, pour sentir tous les avantages qu'ils doivent avoir sur ceux de France, même à circonstances égales ; que sera-ce avec tous ceux que leur donnent leur constitution, la qualité de leurs productions, la perfection à laquelle ils ont poussé leurs inventions pour améliorer leurs étoffes & diminuer le prix de la main-d'œuvre, & enfin l'abondance de leurs capitaux & le bas prix de l'intérêt de l'argent.

On sentira que tous ces avantages les mettent en état de fournir leurs marchandises à bien meilleur marché, & de gagner où il n'y auroit que de la perte pour ceux qui n'en jouissent pas, sans que le Gouvernement s'en mêle & fasse des sacrifices. C'est sur quoi on entrera dans quelques détails.

Les établissemens de tous genres d'industrie en Angleterre sont très-considérables, & sont soutenus par de très-gros fonds, parce que leurs entrepreneurs les suivent de pere en fils sans changer d'état, & que les fonds s'y accumulent, ainsi que les moyens & les talens, &c.; ce qui les met en état de travailler en grand, de se pourvoir à l'avance abondamment & au meilleur marché, des matieres premieres, de faire les plus grandes entreprises, & de fournir facilement & promptement aux demandes les plus fortes.

Il est bien peu d'établissemens dans ce genre en France, où en général on a le plus grand empressement à abandonner son état & sa profession, dès qu'on a fait quelque fortune, ce qui tire continuellement les fonds du commerce, & fait qu'en général il s'en faut bien qu'il y en reste assez pour le faire avec l'aisance nécessaire pour tirer parti de toutes les entreprises dont il seroit susceptible.

On a rencontré dans ses recherches une preuve sensible & frappante de cette vérité & de ses effets.

La fabrique de gazes la fournit ; sa communauté étoit composée en 1773 & 1774, y compris les Passementiers, Boutonniers & autres y réunis, de 1729 Marchands & Maîtres contribuables ; elle est réduite aujourd'hui à six cent soixante-dix.

La raison en est, que les Gaziers de Paris étoient en possession de fournir presque toute l'Europe, & que depuis lors ils sont privés successivement des plus abondans débouchés.

L'Empereur a défendu absolument l'entrée des gazes dans ses Etats ; & a prodigué les secours & les encouragemens pour les établissemens de ces manufactures, pour lesquelles il a été débauché beaucoup d'ouvriers à Paris.

La Prusse a également élevé de pareils établissemens, qu'elle protege beaucoup.

L'Espagne est dans le même cas.

L'Angleterre a établi en Ecosse des manufactures si considérables, qu'elle est en état de fournir par-tout ſes marchandiſes à meilleur marché que les Gaziers de Paris, même en France, malgré l'avantage des droits d'entrée, auxquels ſont aſſujetties celles Angloiſes.

Cependant les Gaziers Anglois n'ont aucun avantage ſur les François ; les uns & les autres tirent leurs ſoies de Chine & de Piémont ; les François même ont celui d'en avoir en France. Quels ſont donc les moyens que les Anglois ont pour établir les leurs à meilleur marché ?

Les richeſſes des Gaziers Anglois les mettent en état d'acheter directement en Piémont toutes les ſoies dont ils ont beſoin, & de le faire à l'avance dans les années où la récolte eſt abondante & les prix bas ; de façon qu'ils ſont toujours abondamment pourvus au meilleur marché poſſible, & n'éprouvent point les altérations que les mauvaiſes récoltes occaſionnent dans les prix. Ils le peuvent, parce qu'ils ont de gros capitaux, & qu'ils n'ont point de plus sûrs moyens de les faire valoir avec avantage.

Leur compagnie des Indes leur préſente toujours des parties abondantes de ſoie de Chine ; de façon qu'ils ont tous les moyens de ſe pourvoir abondamment des ſoies dont ils ont beſoin.

L'intérêt de l'argent eſt à quatre pour cent ; de façon qu'ils peuvent ſe contenter de ſix pour cent de bénéfice, & gagner.

Tous ces moyens réunis leur fournissent ceux d'être toujours abondamment pourvus de marchandises faites, ou en état de les faire promptement ; de façon qu'ils sont toujours en état d'exécuter sur le champ, ou en très-peu de temps, les ordres les plus considérables.

Les François n'ont aucunes ressources ; leurs moyens sont en général très-bornés. Ils n'ont point ceux de faire acheter en Piémont de la premiere main ; ils achetent à Paris de la seconde, & souvent de la troisieme, & par conséquent à dix & douze pour cent plus cher.

Ils sont, par la même raison, hors d'état de faire leurs achats à l'avance, pour profiter des bonnes années & des bas prix.

La compagnie des Indes ne leur présente jamais assez de soie ; de façon qu'ils sont obligés de la faire acheter aux ventes de celles d'Angleterre ; ce qui leur coûte des commissions, des frais, & des droits.

L'argent leur coûte six pour cent d'intérêt, & encore n'en trouvent-ils pas facilement à ce prix, faute de crédit, & parce que l'argent se porte par préférence aux effets royaux & autres moyens d'emploi.

Par toutes ces causes, ils ne sont jamais pourvus à l'avance, ni de marchandises faites, ni de matieres premieres, qui les mettent en état d'exécuter promptement les ordres qu'ils pourroient recevoir.

Telles sont en gros les différences qui existent entre les Gaziers Anglois & François. Il en résulte évidemment que non seulement ceux-ci sont hors d'état de soutenir la concurrence des Anglois dans les marchés étrangers, mais qu'ils ne peuvent même le faire en France, comme on commence à l'éprouver ; d'où l'on peut juger de quel sort est menacée cette partie intéressante d'industrie & de commerce.

Les Gaziers ont prouvé qu'ils pouvoient faire la marchandise aussi belle, & même plus belle que les Anglois ; ils ont prouvé également par les faits, qu'il y avoit des moyens pour se procurer en France des soies plus belles & mieux filées que celles de Chine. Leurs représentations & leurs mémoires sont restés dans les bureaux, & ont fait tout au plus la matiere de quelques conversations, comme tant d'autres objets également intéressans, qui ont & auront constamment le même sort, tant que la France n'adoptera pas un autre systême que celui qu'elle a suivi jusqu'à présent dans l'administration de tout ce qui est relatif au commerce. Au reste, ce n'est pas l'objet actuel de ce mémoire, qui n'est que relatif aux effets du traité de commerce avec l'Angleterre.

TROISIEME MÉMOIRE.

Recherches ſur ce qui eſt relatif aux étoffes de laines (1).

INDÉPENDAMMENT des mêmes avantages que les Anglois ont dans cette partie importante d'induſtrie, du côté de leurs gros capitaux, &c. Ils y en ont, comme on l'a dit, deux bien importans, par la qualité ſupérieure de leurs laines, leur abondance, & leur bon marché. C'eſt à la réunion de ces avantages qu'ils ſont redevables de la ſupériorité décidée qu'elles ont ſur la France, en Eſpagne, en Italie, & généralement dans tous les marchés étrangers, excepté dans le Levant.

La France a l'égalité & même la ſupériorité ſur les beaux draps ; mais elle ne peut abſolument ſoutenir la concurrence ſur les draps ordinaires, & ſur les étoffes razes & autres eſpeces communes, qui ſervent toutes à la conſommation du peuple ; c'eſt ce qui leur en procure un débouché immenſe dans tous les pays où ils peuvent les introduire, pendant que celui des

(1) On ne ſauroit trop exhorter à faire une grande & particuliere attention au contenu de ce mémoire.

beaux draps eſt borné à la conſommation des gens riches. C'eſt ſur tous ces motifs, dont on étoit convaincu de la vérité par une longue expérience, qu'on s'étoit fondé pour craindre que les Anglois n'obtinſſent la même préférence, en France même, que nos fabriques n'y puſſent pas plus ſoutenir leur concurrence, qu'elles ne le peuvent dans l'étranger, & qu'elles n'en éprouvaſſent le plus grand préjudice.

Les Anglois ont apporté de très-fortes parties de leurs étoffes de laine ; Paris en regorge, & ils en établiſſent des magaſins dans les provinces où ils ſe répandent & ont des voyageurs ; pluſieurs ſe ſont preſſés de vendre ; les uns le font en détail, d'autres à l'encan. Cette profuſion & le bas prix de ces marchandiſes font qu'on s'y porte avec empreſſement, ce qui arrête néceſſairement la conſommation des étoffes du pays, & par conſéquent les demandes que les Marchands étoient dans l'habitude d'en faire dans les fabriques.

L'opinion aſſez générale eſt que la plupart des Anglois tireront peu de profit, & perdront même ſur ces premiers eſſais, tant parce que la quantité des achats chez eux y a fait renchérir la marchandiſe, que parce qu'ils en ont apporté beaucoup de mauvaiſe qualité, dont les acheteurs auront pu être la dupe une fois, mais n'y reviendront pas. Quelques-uns en concluent que c'eſt une criſe qui ne durera pas, & qu'on s'en dégoûtera ; cela ſeroit certainement fort à ſouhaiter, mais il ſeroit fâcheux d'y compter, & bien dangereux de négliger, en conſéquence, de prendre les meſures néceſſaires pour arrêter le mal dont on eſt menacé, parce que tant que les Anglois conſerveront les avantages qu'ils ont dans la qualité & le bas prix, on doit compter & être très-aſſuré qu'ils sauront arrêter les mauvais effets du trop grand empreſſement avec lequel ils ſe ſont livrés dans ce début à toutes ſortes d'envois, ſans connoître le pays, la nature de ſes conſommations & ſes goûts ; qu'ils les étudieront & ſauront les ſatisfaire ſans bruit & ſans éclat : telle eſt la conduite qu'il ont tenue par-tout ; c'eſt ce dont on s'eſt convaincu en Eſpagne, où on a été à portée de ſuivre long-temps leur marche, & où ils ſont parvenus à fournir à la conſommation de plus de la moitié de la Nation.

Les avantages des Anglois ſont donc, derechef, la qualité ſupérieure de leurs laines, leur abondance & leur bas prix ; tant qu'ils les conſerveront, & que le traité exiſtera, ils écraſeront les fabriques de France, qui travaillent dans les mêmes genres. C'eſt ſur quoi on ne ſauroit trop attirer l'attention de l'adminiſtration ; ce ſeroit la tromper que de lui préſenter la poſſibilité de ſe procurer les mêmes avantages aſſez promptement pour arrêter les funestes effets du traité ; parce que quelques essais qu'on a faits en Picardie, en Berri ou ailleurs, sont parvenus à procurer des laines égales à celles d'Angleterre.

Quelques particuliers y sont effectivement parvenus, mais avec combien de soin, de dépenses & de temps, & même de secours du Gouvernement ; & encore qu'ont-ils produit ? Quelques troupeaux qui ne forment peut-être pas mille têtes dans tout le Royaume, pendant qu'il en faut plusieurs centaines de milliers pour remplir l'objet. Cependant, comme on l'a dit dans le premier mémoire, les instructions sur les moyens de réussir ont été répandues, & sont dans les mains du public : qu'ont-elles produit, & que pouvoit-on en attendre de la part du plus grand nombre des cultivateurs, qui sont ceux qui élevent les troupeaux, qui la plupart sans moyens, & au contraire opprimés par les impôts, n'ont ni la volonté, ni le pouvoir de se livrer à des essais qui sont au dessus de leurs forces & même de leurs connoissances ? car on ne peut ignorer combien on a de peine à persuader au commun des cultivateurs l'utilité des méthodes contraires à leurs routines, quelques avantages qu'on leur y fasse envisager.

Tel est l'état des choses, & tel il restera, tant qu'on ne prendra pas les vrais moyens pour le changer.

L'objet est de se procurer les laines de la même qualité de celles d'Angleterre; la possibilité en est connue, sur-tout dans les provinces qui sont sous le même climat.

Les moyens sont de se procurer des beliers, des meilleures races, en grand nombre, & le plus qu'il sera possible, de les répartir aux cultivateurs les plus aisés, en leur prescrivant les méthodes qu'ils doivent suivre dans leur éducation, &c.; de leur accorder des secours & des gratifications qui soient, autant qu'il sera possible, attachées à la réussite: par exemple, à tant par tête de beaux éleves, & à tant par quintal de belle laine. Mais ces soins ne peuvent être du ressort de l'administration, ni de ceux qui l'approchent; leur réussite demande la connoissance des lieux, celle des personnes, & une surveillance continuelle, qui sont incompatibles avec une administration éloignée. Ces soins ne peuvent être confiés qu'aux Assemblées provinciales, en leur fournissant toutes les instructions, & leur envoyant même, s'il le faut, les personnes qui ont fait une étude particuliere de ces matieres, pour les instruire & les guider. Ces Assemblées choisiront parmi les Membres, ou dans les personnes instruites de la province, un comité qu'elles chargeront de la conduite de cette partie; elles proposeront au Gouvernement les moyens & les secours dont elles auront besoin pour y réussir.

Telle est la marche qu'on juge propre à conduire à la réussite d'une révolution qui, même avec tous ces soins, demande du temps; la lui présenter prompte & facile seroit l'induire en erreur, comme ne font que trop fréquemment les gens qui s'imaginent qu'il suffit d'avoir fait un beau & bon mémoire, pour que l'exécution s'ensuive avec la même facilité. Derechef, ce n'est qu'à force de soins bien suivis, de dépenses bien faites, qu'on y parviendra, & la réussite demande du temps. Quant aux dépenses, on ignore ce à quoi elles pourront monter, d'autant plus qu'il est très-intéressant d'étendre cette opération dans les provinces du midi, pour y améliorer les races de troupeaux, & se procurer des laines approchantes de celles d'Espagne. Les essais faits par M. Daubenton en ont prouvé la possibilité: indépendamment de grands avantages qui en résulteront, la conduite de l'Espagne en fait une nécessité. Elle augmente tous les jours ses droits sur la sortie de ses laines, & elle prend une marche, par la protection qu'elle accorde à ses fabriques, qui annonce qu'elle ne tardera pas à en défendre la sortie. Toutes nos fabriques de beaux draps, telles qu'Abbeville, Louviers, Sedan & Elbœuf, n'emploient que les laines d'Espagne dans leurs draps fins; elles entrent également dans beaucoup d'autres étoffes de laine ; que deviendront toutes ces fabriques, si elles sont privées de ces laines ? Cela doit faire sentir combien il est essentiel de s'occuper des moyens de s'en passer, en s'en procurant dans le Royaume de pareilles, ou au moins d'approchantes, qui puissent y suppléer, soutenir ce genre d'industrie, & fournir au moins à la consommation du Royaume.

On observera sur les dépenses qu'exigeront nécessairement tous ces moyens, qu'elles sont d'une nature qui, indépendamment des avantages qu'elles procureront, aura celui de tomber sur la classe qui mérite le plus, sous tous les rapports, la protection du Gouvernement, celle des cultivateurs ; c'est elle qui supporte le poids des impôts, & celui de tous les vices & abus dans leur répartition & perception ; c'est cependant la classe la plus intéressante, dont le travail & les sueurs procurent les matieres premieres, les plus nécessaires & les plus indispensables, & qui forment la base & la source de la richesse de l'Etat. Tels sont ses titres aux faveurs du Gouvernement, auquel elle les rendroit au centuple, & cependant, en général, elle n'y a jamais aucune part.

Revenant aux moyens de se procurer des laines semblables à celles d'Angleterre, on sera obligé de convenir que s'ils présentent la possibilité & même l'assurance de la réussite la plus complette, il eſt de toute impoſſibilité que leurs efforts ſoient aſſez prompts pour arrêter le tort que fera aux fabriques de France l'admiſſion des étoffes de laine d'Angleterre, pendant les dix années que doit durer le traité de commerce ; car, derechef, il ne faudroit pas avoir la premiere connoiſſance de la lenteur de la marche des diverſes opérations qui doivent concourir à leurs ſuccès, pour penſer qu'il en peut être autrement. Ce n'eſt aſſurément pas une raiſon pour en négliger l'exécution, c'en eſt au contraire une pour s'y livrer avec plus d'empreſſement, pour en accélérer la réuſſite autant qu'il ſera poſſible, & c'en eſt également une qui doit engager à chercher tous les moyens qui peuvent, en attendant, mettre les fabriques en état d'éviter la perte dont elles ſont menacées. C'eſt ſur quoi on ne ſe permettra pas de propoſer aucun moyen, parce qu'il ne peut y en avoir qui convienne également a toutes les fabriques, attendu qu'elles ſont toutes ſous des circonſtances différentes, en raiſon de leur localité & de la diverſité des objets dont elles s'occupent, & du plus ou moins de tort que leur fait le traité. Il n'y a que les chambres de commerce qui puiſſent éclairer l'adminiſtration ſur cet objet. Les principales à conſulter ſont celles de Rouen, d'Amiens, de Beauvais, & toutes celles qui auront préſenté des plaintes ſur les effets du traité. Si on avoit communication de tous ces mémoires, on pourroit former un projet du travail qu'il convient de leur demander, pour mettre le Gouvernement en état de connoître parfaitement ce qu'il doit & peut faire pour remplir cet important objet. C'est le seul moyen d'y parvenir, tout autre exposeroit le Gouvernement à se constituer dans des dépenses inutiles, sans remplir son objet (1).

---

(1) C'est ce qu'on a commencé à exécuter, en présentant à l'Administration tout ce qu'on a trouvé d'intéressant sur le commerce, dans le travail des Administrations provinciales de Normandie, de Picardie, & autres. Elle en a senti la conséquence & la nécessité de venir à leur secours ; c'est ce qui l'a engagée à établir à Rouen un bureau d'encouragement, & de lui faire un don de cent mille écus, de faire la même chose à Amiens, en lui donnant 180,000 livres. Les changemens survenus dans l'Administration & les événemens subséquens ont arrêté la suite & la multiplication de ces établissemens.

QUATRIEME MÉMOIRE.

Recherches ſur ce qui eſt relatif aux étoffes de coton, aux quincaillerie & faïence.

C'EST particulierement ſur les étoffes de coton que les Anglois ont donné le plus, dont ils ont apporté de plus fortes quantités de toute eſpece, bien ſupérieures en qualité à celles qui ſe fabriquent en France, & à infiniment meilleur marché; de façon que les fabriques de la Normandie & celles des autres provinces ne peuvent ſoutenir leur concurrence, & ſeront forcées d'abandonner. Tel eſt le réſultat des recherches faites chez les Négocians, les Fabricans, & les Marchands.

Cependant les Anglois n'ont aucun avantage ſur le coton. La France en a dans ſes colonies, & par ſon commerce du Levant, plus qu'elle n'en conſomme, & les Anglois viennent même en acheter en France, qu'ils y rapportent fabriquées, & qu'ils ſont en état de donner à meilleur marché. Ils en ſont redevables à la perfection de leurs machines, qui filent à tous les degrés de fineſſe, auxquels ne peuvent parvenir les méthodes ſuivies

ſuivies en France, & avec une économie infinie dans la main-d'œuvre; c'eſt ce qui établit la beauté de leurs étoffes & leur bon marché.

Ce ſont des faits dont il eſt aiſé à l'adminiſtration de ſe faire inſtruire. Vraiſemblablement elle l'eſt déjà par les réclamations qu'elle doit avoir reçues de Normandie & d'ailleurs. Elle l'avoit été d'avance par feu M. Holker, qui, ayant été conſulté, avoit répondu le 29 décembre 1785. Malheureuſement l'événement ne confirme que trop la vérité de tout ce qu'il a annoncé dans ſa lettre, dont on joint ici copie, pour ne pas affoiblir par un extrait les détails intéreſſans qu'elle contient.

Toutes réflexions ſur le paſſé deviennent inutiles, & les regrets ſont ſuperflus. Le mal exiſte, ſes effets ſeront donc la deſtruction de la plus grande partie de cette induſtrie en France, qui occupe, dans la ſeule généralité de Rouen, de 160 à 200 mille perſonnes, & peut être autant dans le reſte du royaume, & de porter en Angleterre l'argent du royaume, pour y faire jouir ſon induſtrie de tous ces avantages. Ce ſont ces funeſtes conſéquences qu'il eſt queſtion d'arrêter, s'il eſt poſſible.

M. Holker étoit l'homme de France qui connoiſſoit mieux l'état de ce genre d'induſtrie en France & en Angleterre. C'étoit lui qui l'avoit apportée à Rouen, d'où elle s'étoit répandue dans le reste de la Normandie & dans d'autres provinces. On voit par sa lettre combien il jugeoit notre industrie encore arriérée, & tout l'avantage qu'ont les Anglois; mais qu'il étoit persuadé que, si le gouvernement prenoit les moyens qu'il indique, il parviendroit en cinq ou six ans à mettre notre industrie de niveau avec celle angloise, & en état de ne point craindre sa concurrence; mais que cette réussite dépendroit absolument de la défense des marchandises angloises, dont l'admission suffiroit pour arrêter & détruire tous les efforts du gouvernement. Les moyens qu'il indique sont de monter huit ou dix établissemens de filature à la façon angloise, nombre qu'il juge suffisant pour mettre la France en état de fabriquer aussi bien & à aussi bon marché que l'Angleterre. L'admission des marchandises angloises fait sans doute tout le tort qu'a annoncé M. Holker, c'est derechef une raison de plus pour ne devoir pas perdre un moment à chercher les moyens d'arrêter le mal.

M. Holker parle de deux établissemens de filature, l'un à Louviers, & l'autre à Arpajon. On entend dire qu'il y a diverses autres machines répandues dans le royaume, dont les inventeurs ont reçu & reçoivent des gratifications du gouvernement. Mais quel effet produisent ces deux établissemens & ces machines? & quel est celui qu'on en peut attendre? Sont-elles, ou non, au point de perfection que les machines angloises? & peuvent-elles produire les mêmes effets? Ou bien, qu'est-ce qui leur manque? & quels moyens y a-t-il à prendre pour les avoir parfaites?

Telles sont les connoissances qu'il faut avoir pour être en état de se décider sur ce qu'il y aura à faire. On ne connoît que la chambre de commerce de Rouen que l'on puisse charger avec confiance de ces recherches & vérifications, en lui recommandant de s'aider des conseils des gens de l'art, & de ceux qui connoissent plus particulierement les machines angloises, leur usage & leurs effets. S'il résulte de leurs recherches que les machines ou établissemens qui existent en France, ou quelqu'un d'eux, remplissent completement l'objet qu'on se propose, le gouvernement verra quels moyens il doit prendre pour les multiplier & porter au nombre de huit ou dix. S'ils ont besoin d'être perfectionnés, cette chambre en proposera les moyens. On est persuadé qu'en ce cas, si on annonçoit dans les papiers publics, & si on faisoit pénétrer en Angleterre l'offre d'une forte récompense à tout Mécanicien qui apporteroit la meilleure machine & la plus propre à être mise dans les mains du peuple, il s'en présenteroit beaucoup pour gagner cotte prime, si elle étoit assez forte pour tenter. C'est sur quoi on ne devroit pas s'arrêter à cent mille livres plus ou moins.

Telle est la marche qu'on propose & qu'on croit la plus propre à remplir un aussi important objet. Les tentatives que l'on feroit tacitement avec quelques particuliers, quelque confiance qu'ils méritent, ne rempliront jamais qu'imparfaitement le but qu'on se propose. Il est question de mettre le plus promptement possible l'industrie du royaume en état de soutenir la concurrence des Anglois. On y parviendra sûrement, en ayant leurs inventions & les moyens d'en faire usage, & en les multipliant. Peut-être sera-ce l'affaire d'un an & un sacrifice de cent mille écus; & quand il seroit du double ou du triple, ce seroit se procurer à bien bon marché des avantages inappréciables, & éviter des maux qui coûteront mille fois plus (1). La possession des machines les plus parfaites assurera ces avantages à la France, qui, ayant abondamment la matiere premiere, sera en état, non seulement de se suffire à elle-même, sans craindre la concurrence angloise, mais pourra se procurer la préférence

---

(1) Le Bureau d'encouragement établi à Rouen avec don de cent mille écus, a dû mettre à portée de faire ces vérifications, &c.

sur eux dans les marchés étrangers. Les moyens qu'on propose sont aussi simples que sûrs pour y parvenir, si l'administration les adopte. Il sera aisé de lui présenter le projet de lettre qu'elle pourroit écrire à la chambre de commerce de Rouen, pour lui détailler la nature des recherches qu'elle doit faire & qu'on confie à ses soins.

Quincaillerie.

L'Angleterre possede absolument cet objet, & est depuis long-temps en possession d'en approvisionner, en contrebande, la France, qui est si arriérée dans ce genre d'industrie, qu'à peine est-elle en état de se suffire pour les objets les plus grossiers. C'est l'effet de sa négligence; car les Anglois n'ont d'autre avantage sur cet objet, que la perfection de leur main-d'œuvre. Lorsque le gouvernement se décida à défendre l'entrée des quincailleries angloises, avec l'air de vouloir tenir la main à l'exécution de cette défense, les avis d'Angleterre annoncerent qu'elle avoit jeté la consternation dans les fabriques en ce genre, qui ne subsistoient que par la consommation de la France. Les ouvriers du Forez & autres provinces qui travaillent en fer & acier, prirent courage, & se flatterent de pouvoir parvenir à remplacer les Anglois. Enfin il y eut un moment de fermentation qui promettoit les suites les plus favorables. On en profita pour présenter à l'administration tous les moyens qu'elle pourroit prendre pour attirer & assurer dans le royaume cette industrie de façon à la rendre aussi commune en France qu'elle l'est en Angleterre. L'administration les approuva, & promit de s'en occuper; mais le peu de suite & de constance qu'elle mit dans cette affaire, firent perdre beaucoup de temps, & évanouir toutes les espérances qu'on avoit conçues. Les quincailleries angloises continuerent à être admises, malgré la défense, sous divers prétextes, & à la faveur des interprétations que les Douaniers se permirent, les Marchands françois & les Fabricans anglois revinrent de leur terreur, & tout resta sur le même pied qu'auparavant.

Les connoissances qu'on acquit pour lors sur la nature de ce genre d'industrie, convainquirent de la possibilité de l'attirer en France, & sur l'utilité de le faire, vu l'objet très-important de sa consommation.

Le moyen d'y parvenir étoit de se procurer des Ouvriers anglois, qui, dans le moment de suspension qu'éprouverent leurs fabriques, se seroient expatriés facilement, pour chercher en France le travail qui leur manquoit dans leur pays. Des personnes qui faisoient travailler ces fabriques, se chargeoient d'en procurer. Cela ne

\[s]eroit sans doute pas aussi facile aujourd'hui qu'elles travaillent pour la France, & que le traité leur assure l'admission la plus libre de leurs marchandises. Cependant c'est l'unique moyen d'y parvenir, & on y réussira, en offrant, comme on l'a proposé pour les machines angloises, des récompenses capables de tenter.

On proposera donc d'offrir une récompense de cent mille livres à tout Entrepreneur qui, possédant l'art de fabriquer le meilleur acier, & celui des diverses machines propres à faire tous les ouvrages d'acier, de fer, & autres métaux, ameneroit avec lui le nombre d'ouvriers habiles, nécessaires pour monter un établissement complet dans ce genre, & d'y ajouter, à titre de prêt, les fonds dont il auroit besoin pour faire aller cet établissement, en lui accordant une part dans les profits, & même une gratification de 600 livres pour chaque Ouvrier qu'il formeroit.

On pourroit offrir une gratification de 6000 livres à tout Maître Ouvrier habile qui viendroit s'établir, & la même récompense de 600 livres pour chaque éleve qu'il feroit.

On est persuadé que ces offres en attireroient beaucoup de toutes especes. Trois on quatre grands établissemens bien placés dans le Forez & autres Provinces du Royaume qui y sont le plus propres, suffiroient, ainsi que trente ou quarante bons Maîtres Ouvriers détachés qu'on répartiroit d'un côté & d'un autre. Les Assemblées provinciales ou les Chambres & Associations de commerce demanderoient avec empressement ces établissemens ou ces Ouvriers, & se chargeroient de leur fournir les fonds pour leur établissement, aux conditions dont ils conviendroient ensemble, de façon qu'il n'en couteroit au Roi que les gratifications offertes : si l'on trouvoit des inconvéniens à faire répandre ces offres au nom du Roi, ils pourroient l'être au nom de la Chambre de commerce de Lyon & des villes du Forez, avec lesquelles il seroit aisé de se concerter, tant pour la meilleure forme à donner à ces offres pour en assurer le succès, que pour les autres arrangemens à prendre ; c'est sur quoi on dira, comme on l'a dit précédemment, qu'il seroit aisé de former & présenter le projet de lettre qu'il conviendroit d'écrire à la Chambre de commerce de Lyon & aux villes du Forez, pour leur proposer les vues de l'Administration, ses dispositions, & leur demander leurs idées sur les moyens de parvenir à son but, &c.

C'est à quoi on bornera les réflexions sur l'objet des quincailleries.

On ne peut se dispenser de réitérer que le Gouvernement retirera promptement au centuple l'intérêt de ses déboursés, tant par les droits de consommation & autres de toute espece, que payeront tous les gens à qui cette industrie fournira les moyens de vivre & de dépenser, que par la quantité d'argent que cette industrie retiendra dans le Royaume, qui, sans cela, continuera à être forcée d'en sortir pour faire valoir l'industrie angloise & lui procurer tous ces avantages. Que de millions n'est-il pas souvent obligé de dépenser en pure perte, & sans la perspective d'aucune espece d'avantages.

FAÏENCE ET POTERIE.

LA faïence & la poterie sont les deux objets qui restent à traiter. M. Holker, comme on le voit dans sa lettre, annonce que les Anglois sont en état de les fournir meilleures & à moitié meilleur marché que celles de France, par l'avantage qu'ils ont dans la qualité des terres qu'ils emploient, & par celle de leur charbon de terre & son bas prix. Il présente ce genre d'industrie en France, comme très-intéressant, par la quantité de monde auquel elle fournit les moyens de vivre.

Effectivement, les Anglois en ont apporté & apportent de très-grandes quantités, qu'ils donnent à bien meilleur marché que celles de France, qui leur sont fort inférieures.

Il eſt certain que le charbon de terre, bien ſupérieur en qualité à celui de France, coute, en Angleterre, cinq fois moins que celui-ci.

On ignore l'état des mines de charbon en France, l'augmentation dont elles ſont ſuſceptibles, & les moyens qu'il y auroit à prendre pour y parvenir.

On ignore également tout ce qui a rapport à la nature des terres.

La Normandie pourroit fournir tous les avis ſur cet objet; & quant au charbon, l'Adminiſtration doit ſavoir à qui s'adreſſer pour acquérir les notions néceſſaires pour ſavoir à quoi s'en tenir.

CINQUIEME MÉMOIRE.

SUITE des recherches relatives au traité de Commerce avec l'Angleterre.

DANS le mémoire formé sur le traité de commerce entre la France & l'Angleterre, on a présenté la nécessité de s'occuper de tous les moyens propres à tirer le plus grand parti possible de ses avantages, & de diminuer le plus qu'il sera possible ses inconvéniens. On y est entré en conséquence dans la comparaison de la position des deux Nations relativement aux impôts, à l'industrie, au commerce, & au régime de leur administration, pour indiquer les avantages qu'avoient les Anglois dans toutes ces parties sur les François, & par conséquent les objets sur lesquels il convenoit de porter ses recherches & ses efforts, pour faire cesser ces avantages, & mettre les François en état de lutter avec égalité avec les Anglois.

On s'est occupé de partie de ces recherches. On n'a pas entrepris de les porter sur tout ce qui a rapport aux impôts qui tombent sur les terres, & par conséquent sur les matieres premieres, non plus que de ceux qui tombent sur l'industrie, parce qu'on juge que le Gouvernement a son plan, & que d'ailleurs les Assemblées provinciales lui fourniront tous les moyens de mettre en exécution tout ce qu'il jugera convenable sur cet important objet.

On a, dans les mémoires précédens, présenté toutes les réflexions propres à mettre l'industrie françoise en état de soutenir la concurrence de l'angloise sur les étoffes de coton & de laines qui lui font le plus de tort, ainsi que sur les quincailleries.

On a également présenté les moyens de faire cesser les abus qui regnent dans la perception des droits sur les marchandises angloises.

Si on ne s'abuse pas, les moyens qu'on propose doivent produire tous les effets qu'on en attend.

Il reste à traiter le point essentiel de la différence qui regne dans le régime que les deux Gouvernemens suivent dans l'administration de tout ce qui a rapport à l'industrie & au commerce.

On a dit qu'en Angleterre il ne se décidoit rien en matiere de commerce, sans qu'il fût consulté & entendu, & sans que la matiere ne fût débattue & discutée dans le Parlement, dont les décisions n'étant jamais que le résultat de l'examen le plus mûr, ne pouvoient jamais être contraires aux véritables intérêts du commerce.

Qu'en France, les réglemens relatifs au commerce étoient le plus souvent faits à son insçu, & varioient continuellement, suivant le plus ou moins de lumieres des Administrateurs, &c.; qu'il en étoit de même des dispositions générales sur les matieres les plus importantes; de façon que le commerce se trouvoit continuellemet surpris, lorsqu'il s'y attendoit le moins, par des dispositions qui changeoient subitement sa position, dérangeoient toutes ses spéculations, & l'exposoient à des pertes considérables; ce qui rendoit l'état du Commerçant françois le plus précaire & le plus dangereux.

L'établissement de la Compagnie des Indes.

Peu d'exemples suffiront pour prouver la vérité de ces assertions.

Le commerce & la navigation françoise étoient en possession de faire directement & librement le commerce des Indes orientales. Il l'étoit également de se pourvoir dans les marchés étrangers de Lisbonne, Londres, Amsterdam, & Copenhague, de toutes les marchandises de l'Inde, propres à la consommarion du Royaume. Le commerce, dis-je, étoit dans cette possession depuis quinze ans, & faisoit ses spéculations en conséquence ; lorsque tout d'un coup, sans en être prévenu & sans être encore moins consulté, ni directement ni indirectement, on a établi la nouvelle Compagnie des Indes.

Il n'étoit accordé au commerce que six semaines pour faire entrer les marchandises qu'il avoit fait acheter dans l'étranger, terme qui n'étoit pas même suffisant pour avoir des réponses de Lisbonne & Copenhague ; & quant aux expéditions de navires, il n'y avoit que celles qui étoient effectivement commencées, qui eussent la permission de continuer.

On peut juger de la consternation où ces dispositions jeterent le commerce. Il étoit, comme on l'a dit, dans la pleine jouissance de ce commerce. Les uns avoient fait acheter des marchandises dans les divers marchés étrangers, & donné leurs ordres pour faire blanchir les unes, peindre ou imprimer les autres dans les lieux les plus propres pour ces opérations. Aucunes ne pouvoient être rendues en France dans le terme de six semaines ; plusieurs avoient besoin de six mois au moins : les achats étoient faits & payés. Les assortimens ne convenoient que pour la France. On ne pouvoit s'en défaire sans essuyer de fortes pertes. Telle fut la perspective que présenterent ces dispositions, non à quelques négocians, mais à plusieurs milliers répandus dans tout le Royaume, qui exploitoient ce commerce, évalué à 60 millions par an, qui se trouverent tout d'un coup, avec leur fortune, compromis & dans le risque de la perdre.

Le commerce des ports se trouva dans le même cas pour toutes ses spéculations, achats, & engagemens contractés d'avance pour des expéditions projetées, ou pour la suite de celles faites & attendues de retour.

Les représentations & réclamations furent générales de toutes les parties du Royaume. Il fut nommé un Comité pour y avoir égard ; & effectivement il sentit la nécessité d'arrêter l'exécution des dispositions, & il fit tous ses efforts pour vaincre la dureté avec laquelle la Compagnie prétendoit user de ses concessions ; mais il ne put sauver au commerce le désagrément humiliant d'être forcé d'exhiber ses factures, sa correspondance, & toutes les preuves qu'il plut à la Compagnie d'exiger, & d'essuyer toutes les contradictions, doutes de sa bonne foi & procédés que dictoit à celle-ci son intérêt. Ce ne fut qu'à ce prix que le commerce put obtenir l'entrée des marchandises qu'il avoit achetées dans l'étranger avant l'établissement de la Compagnie, & encore plusieurs n'obtinrent-ils l'entrée que de parties, & d'autres essuyerent des refus sur le tout.

On évitera d'entrer dans le détail d'une multitude d'autres désagrémens, de doutes, de perplexités, & de craintes, dans lesquels a été plongé le commerce à l'occasion du terme de deux années qui lui étoit fixé pour vendre & vider ses magasins de toutes les toiles de l'Inde dont il s'étoit pourvu, sous peine de perdre celles qui y seroient trouvées après ce délai ; disposition qui occasionna nombre de réglemens, édits, & déclarations qui le troubloient nécessairement & le tenoient continuellement exposé à se voir confisquer un bien qu'il avoit acquis légitimement & en payant les droits.

Comment pourra-t-on évaluer toutes les pertes que ces dispositions ont causées au commerce, indépendamment de l'agitation, du trouble, & de l'incertitude sur son sort & sur sa fortune, dans lesquels il a été plongé pendant aussi long-temps.

Admission des étrangers dans ces Colonies.

L'admission des étrangers dans nos Colonies est une autre disposition qui a été faite sans consulter le commerce, qui cependant y avoit quelque intérêt, puisqu'en possession de les pourvoir seul de leurs besoins, & faisant ses expéditions en conséquence, l'admission subite & inattendue des étrangers devoit nécessairement troubler & déranger

ranger tous ſes projets, & lui cauſer de grandes pertes. Si l'on en croit les réclamations & les plaintes de tous les ports, c'eſt ce qui lui eſt arrivé. C'eſt une grande queſtion ſur laquelle on ne ſe permettra point de prononcer ; elle demande l'examen le plus approfondi des intérêts du Royaume & de ceux des Colonies ; on ne peut la décider, ſans la ſoumettre à la diſcuſſion la plus réfléchie & la plus ſcrupuleuſe. On ne ſoupçonnera pas qu'on ait eu le projet de faire un eſſai, ſauf à revenir ſur l'ancien régime, ſi le nouveau ne convenoit pas, comme ſi en ce cas cet eſſai pouvoit ſe faire ſans occaſionner, en attendant, la ruine du commerce & des pertes conſidérables. Au reſte, trois ans d'épreuve doivent ſuffire pour en juger. On eſt en état de raiſonner aujourd'hui ſur des faits ; mais c'eſt au commerce des deux parties à les produire, & ce n'eſt que ſur leur diſcuſſion qu'il eſt poſſible de ſe décider.

Le Traité de Commerce avec l'Angleterre.

Le dernier fait que l'on préſentera eſt le traité de commerce avec l'Angleterre ; il a été fait, comme toutes les opérations précédentes, ſans conſulter le commerce. Cependant l'admiſſion des marchandiſes d'Angleterre intéreſſe néceſſairement toutes les fabriques du Royaume qui travaillent dans les mêmes genres. Les réclamations générales de toutes ces fabriques & tous les détails dans leſquels on eſt entré dans ces mémoires, doivent ſuffire pour mettre le Gouvernement en état d'en juger.

On pourroit certainement citer beaucoup d'autres faits qui prouveroient également que jamais le commerce n'eſt conſulté dans les diſpoſitions les plus importantes, & d'où dépend particulierement ſon ſort & ſa fortune, & qu'il eſt continuellement livré à toutes les variations, caprices, bons ou mauvais ſyſtêmes, vues & principes d'une adminiſtration qui éprouve elle-même des changemens continuels. Que peut-il en réſulter, ſi ce n'eſt le chaos, le déſordre, la décadence, & la perte des branches les plus intéreſſantes du commerce ; que ceux qui le font ne penſent qu'à le quitter & à en retirer leurs fonds ; & enfin que cet état ſoit, comme on l'a avancé, le plus précaire & le plus dangereux.

L'Adminiſtration ſera conſtamment, quelques bonnes diſpoſitions & intentions qu'elle ait, expoſée à être ſurpriſe & à donner dans l'erreur, tant qu'elle ſe décidera, ſoit par elle-même, ſoit par le conſeil des perſonnes qui l'approchent, quelque confiance qu'ils méritent. Ce n'eſt qu'après avoir consulté le commerce & avoir fait examiner & discuter tout ce qui l'intéresse, qu'elle peut se décider avec une parfaite connoissance, & éviter ces erreurs & ces surprises ; & tant qu'elle ne s'en imposera pas la loi & ne s'y tiendra pas strictement, elle y sera toujours exposée. C'est ce qu'on ne peut se dispenser de faire de nouveau ; les faits & l'expérience doivent la convaincre de la nécessité de prendre ce parti.

Le Comité projeté lui en présente un moyen sûr, & au moins ce sera un pas qui la menera à choisir la forme qu'il lui conviendra le mieux de donner à un Corps bien composé, qui soit le dépôt des lumieres & des rapports avec tout le commerce du Royaume, qui s'étoit chargé de l'examen & de la discussion de toutes les affaires relatives au commerce, & de lui en présenter les résultats, au moyen desquels elle ne se décidera jamais qu'avec une parfaite connoissance (1).

---

(1) Les opérations du Gouvernement avoient semblé annoncer qu'il s'occupoit du moyen de réformer l'administration du commerce, & de la monter sur un meilleur pied. C'est pour l'éclairer sur cette importante affaire, que l'on crut devoir lui présenter ces idées: elles ne produisirent pas grand effet, puisque le résultat des desseins apparens de l'administration aboutit à l'établissement du nouveau Bureau du commerce, qui,

On a présenté, sur ce Comité & sur sa marche, toutes les réflexions qui mettent à portée de juger de ses effets & de ses avantages.

Toutes les représentations & réclamations du commerce viendront à ce Comité; ce qui mettra l'Administration en état de juger de tous les objets qui méritent son attention. Elle les fera examiner, discuter, & approfondir par ce Comité, & se décidera en conséquence.

Par la multitude des objets sur lesquels tomberont les réclamations, & par leur nature, elle verra toute leur importance, la véritable position du commerce, tout ce qui l'arrête, le gêne & le vexe, enfin tout ce qui nuit à ses succès; elle remédiera à tout, & pour lors pourra se décider, ou pour la conservation de ce Comité, ou sa composition différente, ou pour la formation d'un Corps qui le remplace & remplisse le même objet; & d'une façon ou d'une autre, elle lui donnera une forme & une constitution qui le rendent d'une façon fixe & invariable, comme

---

bien loin de remédier à rien, ne pouvoit qu'augmenter tous les vices de l'Administration, comme on seroit dans le cas de le démontrer, si on pouvoit le faire sans tomber dans des détails qui pourroient être taxés de personnalité & de vues particulieres, qu'on se fera toujours la loi d'éviter.

on l'a dit, le dépôt des lumieres & des rapports avec le commerce, & le promoteur de ses décisions (1).

Ce Comité aura l'avantage de s'occuper constamment & sans interruption de tout ce qui intéresse le commerce ; de façon que quelque variation qu'éprouve l'Administration, celle du commerce n'en éprouvera aucunes, ni suspensions, ni retards, ni changemens dans sa marche; parce que le Comité présentera toujours au nouvel Administrateur les affaires sous les mêmes principes & avec la même suite.

Il produira encore un avantage bien précieux; ce sera de rendre au commerce la confiance dans les dispositions du Gouvernement, de le rassurer sur son sort, & de l'attacher à son état; ce sera pour lors qu'on verra toute l'énergie dont il est capable, & toutes les ressources dont il est susceptible.

---

(1) Il n'étoit pas possible de s'expliquer avec plus de force & de clarté dans ces circonstances. Mais dans celles actuelles, ces moyens ne suffiroient pas, & on seroit dans le cas d'en présenter d'autres bien plus efficaces, qui produiroient des effets bien plus complets.

SIXIEME MÉMOIRE.

OBSERVATIONS sur la perception des droits sur les marchandises angloises.

DANS les recherches qu'on a faites relativement au traité de commerce, on a découvert un abus très-préjudiciable, sur les droits qui se perçoivent conformément à ce qui a été stipulé par le traité. Il résulte de ces recherches, que la plus grande partie des marchandises ne payent pas la moitié des droits. La raison en est, que presque toutes les factures sont à la moitié, & même plus bas de leur valeur réelle, & que les douaniers, dont la plupart ne connoissent point la marchandise, ou ne s'en aperçoivent pas, ou s'ils le voient, ne peuvent user du droit qu'ils ont de se charger de la marchandise, en la payant dix pour cent au dessus du prix de la facture, parce qu'ils n'ont pas les moyens de payer comptant une aussi grande quantité de marchandises comme celles qui arrivent & qui sont dans ce cas-là : ils n'osent pas d'ailleurs le faire, parce qu'ils sont rebutés de toutes les difficultés qu'ils épouvent lorsqu'ils prennent ce parti, par les réclamations & les procès qu'ils ont à ſoutenir, dont ils ſortent ſouvent fort mal, par l'imperfection des réglemens qui régiſſent ſur cette matiere. D'ailleurs le peu de connoiſſance qu'ils ont généralement de la valeur de la marchandiſe, les tient toujours dans la crainte de faire un mauvais marché.

Il en réſulte deux grands maux.

L'un, & le principal, eſt que l'objet de ce droit, qui a été de donner aux fabriques du Royaume cet avantage ſur celles d'Angleterre, ſe trouve illuſoire; & l'autre, que le Roi perd la moitié de ſes droits.

On avoit jugé pouvoir éviter cet inconvénient, en fixant le droit ſur le poids; mais ayant raiſonné ſur cette matiere avec des Négocians & des Marchands pleins d'expérience & de bonne foi, on s'eſt convaincu de tous les inconvéniens de cette méthode, & qu'il y a très-peu d'articles auxquels elle puiſſe être adaptée avec ſûreté, parce que le plus ſouvent les marchandiſes, ſous la même dénomination & d'un poids approchant, different ſi fort en qualités & en valeur, que la perception du droit au poids offriroit toute ſorte de facilités pour en éluder une bonne partie.

On a préféré de les percevoir ſur la valeur, & on voit les inconvéniens qu'il préſente.

Un Négociant très-habile avoit offert de propoſer un moyen ſûr d'éviter cet inconvénient;

ayant témoigné le désir d'être engagé par l'Administration à s'en occuper, M. de Villedeuil avoit eu la complaisance de s'y prêter & de signer une lettre honnête qui devoit satisfaire son amour-propre & exciter le patriotisme dont il paroissoit animé. Après avoir paru être satisfait & promis de s'en occuper, il a renvoyé de semaine en semaine, & a fini par répondre aux dernieres instances qui lui ont été faites, que les circonstances ne lui paroissoient pas favorables pour s'occuper de changement, & que c'étoit ce qui le décidoit à remettre à six mois le travail promis, comme s'il n'étoit pas très-intéressant & très-urgent d'arrêter les conséquences, aussi fâcheuses pour le Roi que pour l'industrie nationale, de l'abus dont on a fait mention, & comme si les changemens survenus étoient un motif pour différer de s'en occuper.

Les recherches qu'on a faites de tous côtés ont produit divers moyens. On rendra compte de ceux qui paroissent les plus propres à remplir l'objet qu'on se propose.

PREMIER MOYEN.

Ne permettre l'entrée des marchanses étrangeres que par un petit nombre de ports & de douanes.

Donner la liberté aux Chambres de commerce de nommer un Visiteur pour apprécier les marchandises, avec la faculté de prendre celles qui seront estimées trop bas.

De faire, du bénéfice qui résulteroit de leur vente, trois parts; l'une pour le fisc; l'autre pour le Visiteur & les Commis; & l'autre pour la Chambre de commerce, pour être employée par elle en établissemens utiles en faveur des manufactures de leurs provinces.

SECOND MOYEN.

D'imposer, dans l'intérieur, des droits additionnels, qui aident à compenser l'avantage qu'ont ces marchandises sur celles nationales.

Tels sont les deux moyens qui paroissent les plus plausibles de tous ceux qu'on a tirés des conversations & de la correspondance avec les négocians intelligens & de bonne foi.

Si tous les ports sont ouverts, il ne sera pas possible d'établir dans tous la même surveillance, de façon à pouvoir y compter. Les ports les plus à portée de l'Angleterre, sont, Boulogne, Calais, Dunkerque, & le Havre. Il n'y a point, dans ces deux premiers, de Chambre, ni de Corps de commerce qui soient en état de faire une pareille entreprise. Car c'en seroit une qui exigeroit dans le commencement de grands moyens & une parfaite connoiſſance de la marchandiſe, attendu que, venant en ſi grande quantité, & la plupart ſur des évaluations de moitié au deſſous de leur véritable valeur, il faudroit être toujours en état de payer ces marchandiſes & d'en attendre la vente, pour remplir cet objet : or pour cela il faut de grands moyens de fonds & de crédit. Les Chambres de commerce de Dunkerque & du Havre pourroient les remplir. Il en ſeroit de même de Bordeaux ; mais tous les autres ports ne le pourroient pas ; il faudroit donc les fermer.

La crainte de la réciprocité de la part de l'Angleterre ne devroit pas retenir. Nous ne leur fourniſſons, en marchandiſes, que les toiles de Saint-Quentin, qui s'envoient toutes à Londres. Quant aux vins & eaux-de-vie, c'eſt auſſi particulierement à Londres où s'en fait la plus grande conſommation ; ainſi, rien à perdre pour le commerce de France dans la réciprocité de la part de l'Angleterre.

Quand les Chambres de commerce en ſeront chargées de façon à exciter leur zele & leur patriotiſme, on pourra y compter. Les François, & ſur-tout le commerce, en ſont tout auſſi ſuſceptibles que les Anglois : quand ils ſe verront ſoutenus par le Gouvernement, & qu'ils pourront compter ſur des diſpoſitions conſtantes de ſa part, non ſeulement ils rempliront completement cet objet, mais ils deviendront les ennemis les plus décidés de la contrebande, & la ſurveilleront bien mieux que ceux qui ſont chargés de l'empêcher.

Le partage propoſé par tiers ſeroit mieux par moitié entre les Chambres de commerce & le Viſiteur & Commis. On croit devoir ſuprimer la part du fiſc, qui en retirera aſſez d'avantages par la ſûreté que ce moyen procurera au payement entier des droits.

Les droits additionnels ſont permis ſur les cotons par le traité. C'eſt un moyen que les deux Nations ſe ſont réſervé pour ſauver les inconvéniens & les torts qui pourroient réſulter des divers articles du traité. La France a donc le droit d'en faire uſage ; & c'eſt l'unique moyen qu'elle puiſſe employer pour diminuer le tort immenſe qui en réſultera aux principales branches de ſon induſtrie.

Il ſe paye, dans la douane de Rouen, un droit additionel qui renchérit toutes les marchandiſes qui viennent par ce port ; auſſi tous ceux qui en ont fait l'épreuve, n'y reviennent-ils pas, & préferent-ils les autres voies. On a demandé à Rouen en quoi conſiſte ce droit, & ſur quoi il eſt fondé.

SEPTIEME MÉMOIRE.

COMMERCE que la France ſait en Angleterre, en conſéquence du traité.

Le principal ſans doute, & celui ſur lequel on a compté comme une ſource abondante de richeſſes pour la France, eſt celui de ſes vins & de ſes eaux-de-vie; ſource d'autant plus précieuſe, qu'elle porte ſur une production importante du ſol, dont elle augmente le débouché & la valeur. Les états qu'on a de la ſortie des vins de Bordeaux pour l'Angleterre & l'Irlande, dans les ſix premiers mois de cette année, portent deux mille ſept cent cinquante tonneaux de vin.

Ceux des ſix derniers mois de l'année 1786, portent mille cinq cent quatre-vingt-trois tonneaux.

Il en réſulteroit une augmentation de ſortie, dans les ſix premiers mois de cette année, de mille cent ſoixante-ſept tonneaux de vin de Bordeaux.

Il ne faudroit pas en conclure que les ſix mois ſuivans devant donner autant, on peut compter que l'augmentation ſera de deux mille trois cent trente-quatre tonneaux, & calculer en conséquence les effets du traité, parce que l'admission n'ayant commencé que le 1er. mai, les effets n'ont pu être aussi subits, & parce que d'ailleurs avant le traité, lorsque les vins entroient en contrebande en Angleterre, ils n'y parvenoient pas directement de Bordeaux, mais par Boulogne & autres ports de la côte, & par les Isles de Gerzay & Guernezay, où s'en formoient les dépôts.

Les conséquences qu'on voudroit tirer de ces notes seroient donc appuyées sur de fausses bases. Il faut considérer d'ailleurs que la marche du commerce est lente, & dépend de tant de circonstances qui la peuvent accélérer où arrêter, qu'il n'y a que le temps qui puisse indiquer sûrement quels seront les effets du traité sur le plus ou moins de débouchés des vins.

On en dira de même des eaux-de-vie. Il est essentiel d'avoir les états les plus exacts de tout ce qui sort de ces deux objets des divers ports de France pour l'Angleterre, pour savoir à quoi s'en tenir & connoître exactement les quantités & leur valeur. C'est ce que le bureau de la balance du commerce est en état de faire, & il convient de lui donner l'ordre de le faire avec toute l'exactitude possible.

On ne peut pas non plus établir exactement les quantités de toiles de Saint Quentin & Valenciennes, qui font forties depuis le traité, parce qu'il en avoit été envoyé d'avance de très-fortes parties, qui attendoient dans l'entrepôt le moment de leur admission. Au reste, le commerce de ces deux places a annoncé, comme on l'a dit dans les mémoires précédens, que le traité augmenteroit la consommation de ces toiles en Angleterre, de la valeur de deux millions & demi de livres ; le bureau de la balance du commerce doit égalemenr fournir des états exacts de tout ce qui en sortira.

On met en Angleterre un genre d'entraves à ce commerce, qui n'est point fondé sur le traité ; on refuse l'entrée à toute partie qui est au dessous de cent pieces, ce qui gêne les spéculations des gens qui n'ont pas besoin de cette quantité. Le commerce évite sans doute cet inconvénient, en se réunissant plusieurs pour faire cette quantité, & la faire venir au nom d'un seul ; mais c'est une gêne, elle n'est point autorisée par le traité, & par conséquent elle ne doit pas subsister.

Le commerce des modes, qui est une branche intéressante de celui de la France, & dans laquelle elle réussit si bien par le goût de ses artistes, sembloit devoir être une espece de compensation & de dédommagement pour la France ; mais l'Angleterre l'a rendu presque illusoire par les défenses & les restrictions qu'elle met à leur admission.

Il y a peu de modes où il n'entre des rubans, du taffetas, du ſatin, ou quelque autre partie quelconque de ſoie; les blondes entrent également dans leur compoſition : l'entrée de la ſoie & des blondes étant défendue, preſque toutes les modes éprouvent le même ſort.

On refuſe également l'entrée des coupons de gazes, linons, crépons propres pour les déshabillés, mantelets & ajuſtemens de femmes, qui font une grande partie de ce qui compoſe l'article des modes.

On ne trouve rien dans le traité qui autoriſe cette reſtriction. Si pour n'avoir pas conſulté les gens de la choſe, on n'a pas prévu que les défenſes de la ſoie & des blondes enlevoit la plus grande partie de l'avantage qu'on attendoit de la faculté d'introduire les modes, & ſi en conſéquence on ne peut s'en plaindre, au moins convient-il de ne pas laiſſer établir des reſtrictions arbitraires ſans aucun fondement, qui achevent de priver de tous les avantages qu'on pouvoit en attendre.

Deux ou trois maiſons de Paris ont envoyé en Angleterre quelques parties de draps les plus beaux des fabriques d'Abbeville, Louviers & Sedan, dans l'eſpoir que leur ſupériorité ſur ceux d'Angleterre en aſſureroit la vente, quoiqu'ils ne puiſſent pas encore porter un jugement certain ſur le réſultat de ces eſſais, parce qu'ils ſont encore invendus. Cependant ils commencent à en augurer peu favorablement.

Il y a peu d'empreſſement de la part des Marchands en détail pour les acheter. Ils les trouvent trop chers ; effectivement ils le ſont plus que les beaux draps Anglois, mais ils leur ſont ſupérieurs ; on juge que la raiſon en doit être, que les Anglois mêlent de leurs laines avec celles d'Eſpagne, ce qui les rend moins beaux, & leur permet de les donner à meilleur marché ; au lieu que les beaux draps de France ſont entiérement de laine d'Eſpagne, ſans mélange d'aucune autre, ce qui, en leur donnant une qualité ſupérieure, les rend plus chers.

Ces Marchands ont remarqué en Angleterre, que ceux qui ont commencé à acheter quelques pieces des draps de France qu'ils ont envoyés, n'oſent pas les préſenter dans leurs boutiques comme draps de France, mais le ſont ſous le nom de draps Anglois, parce que c'eſt le moyen d'en aſſurer le débit, & qu'autrement ce ſeroit éloigner les acheteurs, dont la plupart ſe font une loi de ne rien conſommer qui ne ſoit Anglois. Il y a long-temps qu'on ſait que cette Nation pouſſe cet eſprit de patriotiſme juſqu'à l'excès. Quelle différence avec les François, qui au au contraire est généralement portée à donner la préférence à tout ce qui est anglois.

Un de ces Négocians cite un trait qui caractérise bien cette Nation. Quand il a fait l'expédition d'une partie de draps, n'ayant pas encore reçu la facture, il en forme une qui en portoit la valeur à vingt-sept mille livres, prix qu'il jugea que cette partie devoit valoir à peu près : la véritable facture monta à trente mille livres. Son correspondant, remarquant cette différence, fut porter à la douane celle qu'il y avoit sur les droits qu'il avoit payés de moins. Le François, au contraire, ne pense en général qu'à frauder les droits ; la raison en est qu'il ne croit frauder que le Fermier, au lieu que l'Anglois qui a eu par lui-même, ou par ses représentans, part à la fixation des droits nécessaires pour former le revenu de la Nation, croiroit la voler s'il ne payoit pas exactement ce qu'il doit, & seroit bien éloigné de s'y prêter pour favoriser une marchandise étrangere, & sur-tout françoise : tel est derechef le caractere & l'esprit dominant de cette Nation, & c'est avec elle qu'il est question de lutter.

On n'a point appris qu'il ait été porté en Angleterre d'autres especes de marchandises. Au reste, l'administration peut & doit s'en faire instruire exactement & dans le plus grand détail.

HUITIEME MÉMOIRE.

RÉSUMÉ.

RÉFLEXIONS GÉNÉRALES.

On ne peut ſe diſpenſer de s'arrêter ſur cette différence de caractere des deux Nations.

L'Anglois s'impoſe la loi de ne conſommer de marchandiſes étrangeres qu'autant que ſon pays ne lui en fournit point qui puiſſent également ſatisfaire à ſes beſoins. Quelques objets de luxe & de fantaiſie pour ſatisfaire le caprice des femmes, qui, quoique de France & défendues, pénetrent à la Cour de Londres, n'alterent point la vérité de cet eſprit & de ce caractere, qui fait celui de la Nation. Les exemples contraires ſont rares à la Cour même, qui donne ſouvent des preuves d'y tenir auſſi ſtrictement que le reſte de la Nation, & ſouvent ne permet pas qu'on y paroiſſe avec des étoffes qui ne ſeroient pas des fabriques du pays; enfin, comme on l'a dit, la Nation pouſſe cet eſprit de patriotiſme à l'excès.

Le François, au contraire, donne la préférence à tout ce qui eſt étranger, & particuliérement anglois.

L'Anglois a part à l'adminiſtration de ſon pays; il a continuellement ſous les yeux les intérêts de la Nation ; il les défend, les protege, aſſiſte à leur diſcuſſion, donne ſon avis, le tout en perſonne, ou par ſes repréſentans ; il ſait que ce qui fait la baſe de ſa force & de ſa puiſſance, c'eſt le commerce ; il a par conſéquent le plus vif intérêt pour ne rien faire ni ſouffrir qui puiſſe y porter la moindre atteinte. C'eſt en conſéquence qu'il cherche à faire valoir ſes fabriques, & qu'il s'impoſe la loi de ne rien conſommer des fabriques étrangeres.

Le François, au contraire, n'a aucun de ces intérêts (1) ; en général, il ne voit dans le Commerçant & dans le Fabricant que des gens qui cherchent à faire fortune à ſes dépens, ſans avoir la premiere idée de la liaiſon intime & des rapports qu'il y a entre ces profeſſions & le bien général de l'Etat ; il ne voit dans les défenſes que l'intérêt du Fermier, contre lequel il eſt trop prévenu pour chercher à les ménager.

Telle eſt la véritable cauſe de la façon de penſer des deux Nations. Le patriotiſme chez

---

(1) On peut eſpérer que devant former à l'avenir une Nation, il adoptera les mêmes façons de penſer, & ſur-tout s'éclairera ſur les véritables intérêts du commerce.

elles prend sa source dans ces différentes causes, & produit des effets également différens.

Chez l'Anglois, c'est l'esprit d'intérêt pour la plus grande richesse possible de sa Nation, qui le porte à envier & jalouser celles des autres, & à faire tous ses efforts pour les en priver, leur en enlever les sources, & envahir toutes celles qui peuvent contribuer à l'augmentation du commerce qu'il voudroit faire seul dans le monde. Tel est l'esprit qui anime généralement cette Nation & tous ses individus, & qui fait la base de son patriotisme. C'est sur quoi on observera, que comme la richesse générale de la Nation n'est composée que de celles particulieres de ses membres, c'est l'intérêt particulier d'un chacun qui forme & exalte ce patriotisme & toutes ces conséquences.

Le patriotisme des François n'est fondé sur aucun de ces principes; il semble qu'il les méprise; c'est la gloire du Roi & l'honneur de ses armes, pour lesquels il est toujours prêt à sacrifier sa fortune & sa vie, sans aucun rapport avec les avantages qu'en peut retirer l'Etat, relativement à sa richesse; & malheureusement son administration n'est-elle que trop généralement imbue des mêmes principes (1), comme le prouvent

(1) On auroit pu ajouter qu'elle a poussé l'aveu-

tous les détails dans lesquels on est entré, & tous ceux qu'on seroit en état de fournir.

Il est cependant une partie de la Nation qui, malgré le peu de protection du Gouvernement & l'espece d'abattement où elle est plongée, est encore susceptible de toute l'énergie d'un patriotisme capable d'être dirigé vers le véritable intérêt de l'Etat & vers tout ce qui forme la source de ses richesses, & qui est encore capable de tous les sacrifices & de tous les effors, dès que le Gouvernement voudra prendre les moyens qu'il peut mettre en usage pour ramener & gagner sa confiance; c'est particulierement celle qui compose le commerce.

L'établissement des Assemblées provinciales est un pas bien intéressant, qui amenera sûrement au but de ranimer l'esprit national, qu'il est si intéressant de faire renaître, & qui s'éteint tous les jours de plus en plus, si le Gouvernement les soutient & les guide de façon à assurer tous les avantages dont elles sont susceptibles pour le plus grand bien de la Nation & de l'Etat.

On ne les considérera que relativement au parti qu'on en pourroit tirer pour détruire ce goût

---

glement & l'ignorance à un excès dont il est difficile de se former une idée juste. C'est ce qu'on pourroit faire aujourd'hui, sans crainte de se compromettre.

général pour les marchandises angloises, & tourner tous les efforts vers la réussite des moyens propres à se mettre en état de s'en passer ; on ne craint point d'assurer de la possibilité d'y parvenir, quand on voudra prendre les vrais moyens, & sur-tout inspirer de la confiance dans les dispositions du Gouvernement.

Qui est-ce qui rend le traité de commerce si fâcheux ? C'est qu'il doit opérer la destruction des branches les plus industrieuses de l'industrie nationale.

On a présenté les moyens d'éviter ces maux, en mettant la Nation en état de fournir elle-même à tous ses besoins, & on en a démontré la possibilité. Le moyen d'en assurer la réussite la plus prompte & la plus complete, est d'intéresser la Nation au succès de ces moyens, d'exciter son patriotisme, & de le diriger vers ces vues. On peut compter qu'elle en est tout aussi susceptible que l'Anglois, & qu'elle s'y portera avec autant de chaleur (1).

---

(1) Actuellement qu'il existe une Nation & qu'elle est assemblée, tous ces moyens, qui précédemment, paroissoient illusoires & chimériques, deviennent possibles, il ne seroit pas même difficile de proposer des vues & des moyens plus propres à remplir plus completement le but qu'on doit se proposer.

Le moyen qu'on juge propre pour y parvenir est d'ordonner,

Que les chambres & associations de commerce répandues dans toutes les Provinces s'assemblent pour s'occuper de tout ce qui intéresse leur commerce, & que les Assemblées provinciales choisissent entre leurs membres un comité qui soit uniquement occupé de l'examen de tout ce qui sera présenté par ces chambres & associations, pour procéder de concert, ou à faire tout ce qui dépendra d'elles pour concourir à la prospérité du commerce, ou à soutenir leurs représentations vis-à-vis du Gouvernement.

Si à cette disposition on joint l'établissement du comité projeté (1), il en résultera que le commerce verra que le Gouvernement s'occupe sérieusement de lui, & prend les moyens propres à redresser tous les vices & les abus qui lui font tant de tort, & contre lesquels il réclame si inutilement depuis long-temps.

Ces seules dispositions suffiront pour ranimer le courage abattu du commerce, pour l'engager

---

(1) Ce projet, bon pour lors, perd aujourd'hui tout son mérite. Il y a d'autres moyens plus sûrs; on se réfere à ceux qu'on pourroit indiquer dans un autre travail.

à se porter de tous ses efforts à seconder les vues du Gouvernement ; il le fera avec cette confiance sans bornes qui lui est si naturelle.

Ce sera pour lors qu'on pourra susciter dans quelqu'une de ces chambres de commerce quelque membre qui, développant avec force les funestes conséquences du traité de commerce, fera voir qu'il n'existe que par la honteuse négligence du commerce françois ; il entrera dans tous les détails (tels qu'on les a présentés dans ces Mémoires), qui feront voir que la Nation a tous les moyens nécessaires pour se suffire à elle-même. Il invoquera & excitera leur patriotisme, proposera de s'adresser au Gouvernement pour obtenir les secours nécessaires, en offrant d'y concourir de tout leur pouvoir, & pour preuve de la sincérité de leurs dispositions, de s'imposer la loi de n'acheter, ni consommer, ni de faire de commerce direct ni indirect de marchandises angloises, & de regarder comme mauvais citoyens & ne pas souffrir dans leurs corps, quiconque, sans exception, n'embrasseroit pas le même parti.

La chambre de commerce de Lyon seroit la plus propre à donner cet exemple. Les marchandises de ses fabriques ont été proscrites, & n'ont pu obtenir l'admission en Angleterre ; son commerce doit donc voir avec le plus grand déſeſpoir qu'il ne peut pas ſe dédommager de la quantité d'étoffes de coton & de laines, & de celles de quincailleries qui inondent cette ville & les provinces adjacentes, qui, ayant auſſi des fabriques dans tous ces genres, en ſeront certainement écraſées. Ce ſont des motifs bien puiſſans pour exciter le patriotiſme des gens zélés & éclairés, à qui d'ailleurs il conviendra de fournir ſecretement le canevas de tout ce qu'ils devront préſenter.

Cet exemple ſera la plus grande ſenſation dans tout le Royaume, & ſera ſuivi avec rapidité par les chambres de commerce de Normandie & de Picardie, qu'il ſera aiſé de faire agir ſous main, & qui ont d'ailleurs le plus grand intérêt dans la réuſſite de ces vues ; elles finiront par être embraſſées avec enthouſiaſme par tout le Royaume.

On ne craint point d'avancer un paradoxe, en diſant que Paris même en ſera également ſuſceptible, ſur-tout ſi la Cour veut y concourir par ſon exemple.

Paris, centre des richeſſes du Royaume, donne l'exemple des goûts & des caprices les plus déſordonnés & les plus oppoſés aux véritables intérêts de l'Etat ; c'eſt dans Paris que s'eſt établi le goût pour les étoffes & pour les modes angloiſes ; c'eſt où elles trouvent le débouché le plus considérable. Il ne s'étoit pas répandu dans le Royaume, à l'exception de quelques grandes villes, mais malheureusement le traité de commerce, & l'empressement avec lequel les voyageurs anglois se répandent dans toutes les provinces avec leurs marchandises, ne tarderont pas à l'y rendre général. Est-il possible de voir de sang froid une révolution aussi désastrueuse, & de ne pas faire tous ses efforts pour l'arrêter ?

Il faut considérer le commerce de Paris sous un point de vue tout différent que celui du reste du royaume, à l'exception des Fabricans de gazes & des Marchands de Modes, qui ont des intérêts particuliers, relatifs au traité. Tout le reste du commerce en général n'en a point de directs ; ce sont des Négocians & des Marchands qui portent leurs spéculations sur tout ce qui est propre à la consommation des habitans de Paris. Si ceux-ci donnent la préférence aux marchandises angloises, il les leur présenteront, les feront venir, ou engageront leurs correspondans anglois à les leur fournir en aussi grande abondance qu'ils pourront s'en procurer le débit.

Il dépendroit sans doute d'eux de ne point présenter de marchandises angloises au débit dans leurs magasins & boutiques ; dans le fond cela leur est indifférent, puisqu'ils sont assurés d'en être dédommagés par la vente des marchandises françoises ; la plupart seroient disposés à adopter ce parti, mais ils ne le feront qu'autant qu'il sera également adopté par tous leurs confreres, sans quoi les gens honnêtes seroient la dupe de leur zele.

Ce n'est point par des lois prohibitives qu'on parvient à arrêter & détruire les inclinations, les goûts, & les opinions dominantes. C'est par l'exemple des Rois, des Princes, & des personnes qui donnent le ton à la Nation, c'est en lui montrant l'intérêt de l'Etat, & en excitant son patriotisme, & dans ce cas-ci, c'est en l'excitant dans la classe d'hommes qui par état sont occupés à servir les goûts & les besoins de la Nation. Cette classe, qu'on ne croit mue que par son intérêt, est autant susceptible, & peut-être plus que les autres, de zele & d'enthousiasme, & d'ailleurs elle sait faire tourner le goût bien dirigé de la Nation vers son intérêt particulier ; ainsi on peut compter sur tous ses efforts pour concourir au succès des vues du Gouvernement.

Quand la fermentation occasionnée par les Chambres de commerce de Lyon & de Rouen aura commencé à échauffer les esprits dans le commerce, il sera aisé de se concerter avec les meilleures têtes de chaque corps de Marchands de Paris, de celles qui ont le plus d'influence sur l'esprit de leurs confreres ; on les mettra bien au fait des vues du Gouvernement, on leur fera sentir la nécessité qu'on a de leurs concours, enfin on se mettra d'accord avec eux sur la marche qu'ils doivent tenir pour assurer le succès. On peut compter qu'ils en trouveront les moyens, ainsi que ceux de sauver les inconvéniens du moment, tels que celui des marchandises angloises dont ils se trouvent pourvus, celui des magasins que les Anglois eux-mêmes ont établis par-tout, enfin tous autres inconvéniens quelconques, que toute innovation considérable doit nécessairement rencontrer, mais qu'on trouvera les moyens d'applanir quand on voudra s'en occuper. C'est sur quoi on peut s'en rapporter à leur zèle & à leur intelligence. Enfin le résultat du tout sera que tous s'imposeront la loi de ne présenter au débit que des marchandises de France, & prendront ensemble les moyens pour en assurer l'exécution.

Ce sera pour lors ou en même temps qu'il conviendra de faire paroître quelque écrit qui inspire le même esprit & le même patriotisme à la Nation.

Telle est la marche & le concours de tous les moyens qui opéreront certainement la révolution qui est si intéressante, si utile, & si nécessaire même.

On la résumera (1).

Il est question d'arrêter les effets les plus funestes du traité de commerce. Il est question, non seulement de conserver à la France l'industrie dont elle est en possession, & que ce traité écrasera & lui enlevera, mais de lui procurer tous les genres qui lui manquent, & de mettre

---

(1) Peut-être sera-t-on taxé, dans tous ces projets, de visionnaire par cette multitude de gens qui n'approfondissent rien ; mais les temps actuels sont faits pour en faire sentir la solidité & la possibilité de se livrer à leur exécution, si on ne préfere pas la résiliation de ce funeste traité, partie dont on aura occasion de faire connoître la nécessité indispensable ; enfin c'est le moment de porter l'esprit exalté de la Nation vers ses véritables intérêts & vers les objets dont dépendent plus essentiellement son bonheur & ses richesses. C'est le moment enfin de faire ouvrir les yeux à la Nation sur ses moyens & sur ses ressources, & de faire revenir & rassurer le Gouvernement sur ces terreurs paniques qui le dominent depuis si long-temps & font l'ame de sa conduite vis-à-vis de l'Angleterre ; conduite par trop humiliante & trop révoltante pour pouvoir être tolérée & soufferte plus long-temps par une Nation libre, dans laquelle les sentimens d'honneur ne sont pas encore entierement détruits, & sont encore même susceptibles d'être portés au point de la rendre capable des plus grands efforts, en bannissant toutes ces craintes & frayeurs que les ennemis de sa gloire ou des gens vendus ont su lui inspirer.

la Nation en état de se suffire à elle-même. La possibilité existe, les moyens même sont faciles, & leur réussite dépend de dispositions très-simples.

Les étoffes de coton angloises ont une supériorité sur celles de France, telle que celles-ci ne peuvent soutenir leur concurrence, & que leurs fabriques seront écrasées.

Les Anglois n'ont aucun avantage sur les cotons, au contraire la France en a abondamment, & plus qu'elle n'en consomme; les Anglois mêmes en achetent en France, ils ne sont redevables de leur supériorité qu'à la perfection de leurs machines.

On commence à en avoir en France, mais elles sont encore imparfaites, & d'ailleurs elles ne sont pas encore en assez grand nombre pour suffire aux besoins des manufactures (1).

Il faut se procurer les machines les plus parfaites, & en établir le nombre suffisant. Il en coûtera cent mille écus, ou le double pour y parvenir, mais dans un an ou deux tout au plus on sera de niveau avec eux, & on ne craindra plus leur

---

(1) L'événement a prouvé qu'on n'étoit pas bien & suffisamment instruit, & qu'il falloit multiplier beaucoup plus ces moyens & ces efforts & plus de temps, pour en assurer la réussite.

concurrence, non ſeulement pour l'approviſionnement du Royaume, mais même pour lutter avec eux dans les marchés étrangers.

La conſommation des quincailleries eſt très-conſidérable en France ; ſon induſtrie eſt très-arriérée ſur cet objet : c'eſt l'Angleterre qui en fournit la plus grande partie ; elle n'a d'autre avantage dans ce genre que la perfection de ſes ouvriers. Avec cent mille livres, ou le double, le triple, ou le quadruple, on s'en procurera qui en très-peu de temps établiront ce genre d'induſtrie en France auſſi parfaitement, & l'y rendront auſſi commun qu'il l'eſt en Angleterre (1).

L'admiſſion des étoffes de laines angloiſes fera le plus grand tort à celles de France, parce qu'elles ſont à meilleur marché ; cependant la France ſe ſuffiſoit à elle-même dans ce genre d'induſtrie ; mais elle ne pourra pas ſupporter la concurrence de celles angloiſes, à moins qu'elle ne parvienne à améliorer ſes laines & à s'en procurer de même qualité que celles angloiſes. Le climat de ſes diverſes provinces, & les eſſais qu'on en a faits, en prouvent la poſſibilité ; mais la réuſſite ne peut être auſſi prompte comme celles des meſures à prendre pour les étoffes de coton & les quincailleries ; elle ne peut être que le fruit du temps &

(1) Même obſervation que ci-devant.

des bonnes meſures priſes de concert avec les Aſſemblées Provinciales; en attendant, il convient de ſe concerter avec les chambres de commerce des provinces: donc les fabriques ſouffriront, pour trouver les moyens d'y remédier.

Pour aſſurer le ſuccès de tous ces moyens, il convient d'y intéreſſer tout le commerce & la nation, de façon à exciter le patriotiſme de tous, & de le porter à ſeconder les vues & les efforts du gouvernement, en s'impoſant volontairement la loi de ne rien conſommer qui ne ſoit de France. Tel eſt l'eſprit qui regne en Angleterre; & le François en eſt tout auſſi ſuſceptible, ſur-tout quand il pourra prendre confiance dans la protection conſtante du gouvernement, & dans la ſolidité des meſures qu'il aura priſes pour remédier aux vices qui ont régné juſqu'à préſent dans l'adminiſtration de tout ce qui eſt relatif au commerce, & à ceux de la nature des impôts & de la forme de leur perception (1).

Tel eſt le réſumé de tout ce qu'on a préſenté dans ces mémoires. Si on eſt parvenu, comme on le penſe, à démontrer la poſſibilité, non ſeulement d'arrêter les fâcheux effets du traité, mais même de le faire tourner à l'avantage de

(1) Il n'y a que la Nation aſſemblée qui puiſſe opérer ces grands changemens.

la

la Nation, on pourra, comme on l'a dit, le regarder comme l'événement le plus heureux, puiſqu'il aura amené & forcé une révolution auſſi avantageuſe, & qui étoit devenue néceſſaire & indiſpenſable (1).

On a omis une obſervation ſur les dépenſes que tous les moyens propoſés exigeront du gouvernement, qui pourront aller tout au plus, pour ce qui a rapport aux établiſſemens de filature & pour les quincailleries, à 1500 mille livres ou deux millions; qu'indépendamment des ſecours qu'il trouvera dans le commerce, il en ſera dédommagé par les droits que produit l'entrée des marchandiſes angloiſes, ſans compter l'avantage que doit néceſſairement produire dans les droits de conſommation & autres de toute eſpece, d'éviter la deſtruction ſucceſſive des fabriques du royaume, indépendamment du bien &

---

(1) Cela étoit ſans doute dans l'ordre des choſes poſſibles, mais cela étoit au deſſus des forces du Gouvernement, de la façon dont étoient compoſées & montées toutes ſes parties. Et cela ne devient poſſible que ſous les Etats & la nouvelle forme de gouvernement que peut & doit adopter la Nation, quand elle ſera inſtruite de ſes véritables intérêts, & des moyens auſſi ſimples que sûrs de réparer tous les vices & abus dont elle eſt depuis ſi long temps la victime.

des avantages de toute eſpece qui réſulteront pour l'Etat & pour la Nation, de la mettre en état de ſe ſuffire à elle-même, comme le démontrent tous les détails dans leſquels on eſt entré dans ces mémoires.

PROJET DES LETTRES

Qu'il convient d'écrire aux Intendans de Rouen, de Lyon, du Berry, de Picardie, & de Paris, pour se procurer toutes les lumieres nécessaires pour mettre en exécution les divers moyens proposés (1).

---

(1) On trouve dans la premiere Partie de ce Recueil, au *fol*°. 94, le projet des lettres à M. l'Intendant de Rouen.

Les autres se sont sans doute égarées : au reste, il est aisé de juger quelles étoient à peu près dans le même goût, avec les différences seulement relatives aux divers genres d'industrie de chaque province.

M. Boyetet ne connoissoit M. Holker que de réputation, & comme l'homme qui, ayant apporté d'Angleterre & établi en France l'industrie des étoffes de coton, étoit plus en état que personne de fournir des lumieres sûres sur l'état de ce genre d'industrie dans les deux royaumes; c'est à ce titre qu'il avoit proposé de le consulter.

Il paroît que M. de Reineval avoit eu la même idée.

La réponse de M. Holker est très-précieuse, elle renferme une foule d'observations intéressantes, qui auroient dû seules suffire pour détourner de faire un traité avec l'Angleterre, en en faisant sentir tous les dangers & les inconvéniens.

Comment est-il possible qu'on n'ait pas répandu & communiqué cette lettre aux personnes qu'on consultoit? craignoit-on qu'elles fussent trop instruites? C'est ce dont il est assez difficile de pénétrer & expliquer la cause.

M. Boyetet avoit su par hasard qu'il existoit une lettre de M. Holker à M. de Reineval, à qui l'ayant demandée, celui-ci lui répondit qu'il l'avoit donnée à M. de Calonne, à qui M. Boyetet s'adressa pour l'obtenir: ce Ministre la chercha sur son bureau, & ne l'ayant point trouvée, lui dit d'en recommander la recherche au sieur le Rat son Secrétaire, & à M. de la Roche, pour lors premier Commis des Finances, ayant le département des Dépêches; c'est ce que M. Boyetet fit. Mais ces Messieurs n'ayant point trouvé cette lettre malgré leurs recherches, il en fut privé pendant long temps, jusqu'à ce que, se trouvant avec le sieur Dupont dans le cabinet de M. de Reineval, qui cherchant plusieurs papiers d'Angleterre, dans l'intention de les leur délivrer, cette lettre lui tomba par hasard sous la main: M. Boyetet s'empressa à la demander, & l'obtint. Il juge très-intéressant d'en donner communication.

LETTRE

De M. Holker à M. de Reineval.

MONSIEUR,

J'ai reçu la lettre dont vous m'avez honoré le 19 de ce mois.

J'aurois été bien enchanté d'être à portée de vous procurer une carte d'échantillons des étoffes de coton angloises, avec leur prix, afin de vous mettre en état de comparer la qualité des uns & des autres, & la différence des prix; mais quelques recherches que j'aie faites ici, je n'ai pu me procurer rien de pareil.

Pour remplir vos vues à cet égard, il faudroit faire venir de Manchester une piece de chaque qualité de leurs étoffes avec les prix (1). Il

(1) Ces échantillons eussent été fort inutiles en mains de M. de Reineval, ou de tout autre qui ne fût pas du métier. Il n'y avoit que les Marchands & Fabricans à qui ces échantillons eussent pu être utiles, parce qu'eux seuls pouvoient comparer & établir les différences

est certain que ce parti vous mettroit en état de faire toutes les comparaisons que vous pouvez désirer, & d'en tirer les conséquences pour votre gouverne ; mais cela entraîneroit des longueurs qui ne pourroient peut-être pas s'accorder avec la célérité que demande l'objet dont le conseil s'occupe dans ce moment (1).

Pour répondre autant qu'il est en moi à vos vues, je vais vous faire part de quelques réflexions générales, qui, à ce que j'espere, vous convaincront qu'il est inutile que vous fassiez venir d'Angleterre les étoffes en question ; car ce n'est ni vingt-cinq ni même trente pour cent de droits, dont vous chargeriez leurs étoffes de coton, qui empêcheront les Anglois d'en trouver le débouché en France, par la raison qu'au moyen des mécaniques à bras, à cheval, & par eau, dont j'ai eu l'honneur de vous parler dans ma précédente lettre ; je suis convaincu qu'ils peuvent

---

relatives aux qualités & prix, & porter un jugement solide. C'est aux gens de la chose qu'il faut abandonner ces examens ; car ceux qui n'en sont pas ne peuvent que donner dans l'erreur, parce qu'il y a une multitude d'observations qui ne sont pas à leur portée.

(1) Tout le reste de cette lettre mérite à tous égards l'attention la plus particuliere. Comment, avec de pareils avis, & venant d'un homme aussi au fait, a-t-on pu conclure le traité, &c. &c.

approvisionner la France de leurs étoffes de coton en tous genres à trente pour cent meilleur marché que nous. Ce n'est pas en établissant des droits d'entrée sur leurs étoffes, que vous parviendrez à trouver l'équilibre ; vous ne ferez au contraire que réveiller l'appât du gain illicite, & augmenter la contrebande. Le seul moyen de réussir est, selon moi, de diminuer autant qu'il sera possible nos frais de fabrication ; car vous conviendrez que si au moyen de nouveaux établissemens, à l'instar des Anglois, nous parvenions à fabriquer nos étoffes de coton à aussi bas prix qu'ils peuvent les vendre en Angleterre, ils n'auroient plus de motif de les faire passer en France, ni nos Marchands de les faire venir.

Pour vous prouver tout l'avantage que les Anglois ont sur nous, au moyen de leurs diverses mécaniques, & par conséquent combien il seroit intéressant pour la France d'étendre & de favoriser de pareils établissemens, je me permettrai quelques détails.

Presque tout le coton en France est cardé à la main par des hommes ou des femmes, & cette opération revient à 8, 10 & 12 sous la livre, suivant la nature du coton & la finesse du fil.

L'Angleterre au contraire fait carder tout le sien par des mécaniques mues par des chevaux ou par eau.

Un cheval peut faire marcher quatre mécaniques, qui cardent facilement en une journée 260 livres de coton, sans autre secours que celui d'un homme & de six enfans, ce qui ne leur coûte que 7 livres 12 sous (1).

Au lieu qu'en France 260 livres de coton, cardées à la main par des hommes ou des femmes, reviendront à 130 livres, à raison de 10 sous la livre, prix moyen.

Il n'y a pas autant de différence dans la filature en gros, mais elle est toujours assez considérable pour mériter l'attention du Gouvernement. On paye en France 8, 10 ou 12 sous de la livre de coton pour cette opération, au lieu que les Anglois, avec une seule mécanique, en peuvent filer 60 ou 70 livres par jour, par le secours d'un cheval & de deux enfans, ce qui ne leur coûte que 3 livres 10 sous, tandis que la même quantité coûte à Rouen 35 livres.

Reste la filature en fin, c'est-à-dire, proportionnée à la qualité des étoffes auxquelles le coton est destinée. Je suis également persuadé que

---

(1)

1 Cheval	2 liv.	» s.
1 Homme	2	»
6 Enfans	3	12
	7 liv.	12 s.

les mécaniques à 60 ou 70 broches, mues par des femmes, par cheval, ou par eau, doivent épargner une main-d'œuvre considérable. Je puis même avancer que les mécaniques que les femmes font aller, & dont je connois l'usage, épargnent les deux tiers de main-d'œuvre de cette opération. Comme je n'ai point vu de filature allant par eau, j'ignore absolument leur effet; mais il est à présumer qu'il est encore beaucoup plus avantageux, attendu qu'une seule mécanique file 12 à 1500 fils à la fois.

Je n'ai pas besoin d'étendre plus loin mes réflexions à cet égard; je crois en avoir dit assez pour vous convaincre de tout l'avantage que nos voisins ont sur nous pour cette sorte de fabrication, & combien il est à présumer que quelques droits que notre Gouvernement établisse sur l'entrée des étoffes de coton angloises, il ne parviendra jamais à en empêcher l'entrée furtive en France, tant que notre fabrication sera si inégale à la leur.

Il est vrai que le Gouvernement a déjà fait un pas pour parvenir à un équilibre tant désiré, en concourant à la création de trois établissemens de filature par eau; un à côté d'Arpajon, un second à Louviers, dirigé par des Anglois, dont j'ai eu l'honneur de vous parler dans ma précédente, & un troisieme dont j'ignore l'endroit.

Mais je vous avouerai avec franchise que je n'aurois pas été d'avis du privilége exclusif accordé aux deux premiers de ces établissemens, qui a banni tout projet de faire venir des artistes pour en élever de semblables, & reculé par conséquent la promulgation d'une opération si essentielle à la France, pour balancer l'avantage que nos voisins ont sur nous. Les Anglois pensent bien différemment; car depuis six années ils ont multiplié considérablement ces sortes d'établissemens dans le pays de Galles, en Ecosse, & dans le Lancashire. On m'assure que dans cette derniere province il y en a quinze qui travaillent par eau; & bien loin de les avoir restreintes en France à deux ou trois par des priviléges exclusifs, on auroit dû chercher à les accroître, étant persuadé que vingt-cinq établies en France ne seroient pas suffisantes pour alimenter toutes nos manufactures de ce genre. Au nom de Dieu, engagez M. de Vergennes d'anéantir, s'il est possible, un privilége si contraire au bien du commerce national.

Une raison qui me paroît de la plus grande force, & que certainement l'administration, quand elle a accordé ce privilége exclusif, n'a pas considérée, c'est que l'Angleterre est pleine d'artistes en ce genre, qui cherchent à s'expatrier, dans l'espérance d'améliorer leur sort, & qui, se voyant sans espérance du côté de la France, à cause de l'exclusion, s'adresseront à d'autres Puissances, qui, plus sages que nous, les recevront avec plaisir. J'en ai déjà la preuve sous les yeux. Deux artistes anglois se sont présentés chez moi depuis deux mois, ils venoient pour proposer d'établir des filatures par eau; mais quand ils ont appris l'exclusion que le Gouvernement avoit accordée, l'un des deux s'en est retourné; j'ai gardé l'autre, que j'occupe à faire une mécanique à l'usage des femmes, pour carder & filer en gros & fin; car il prétend que celles dont nous nous servons ici sont bien éloignées de la perfection. Sil réussit, mon dessein est d'engager M. le Contrôleur général de la rendre publique, après avoir gratifié l'artiste.

Je pense en avoir assez dit pour vous faire sentir combien nos manufactures de coton en France sont arriérées de celles de ce même genre en Angleterre. On ne peut trop plaindre le malheur de notre position, ne voyant aucune possibilité de rien faire avec les Anglois à cet égard, sans ruiner absolument tous nos établissemens nationaux; car si vous leur permettez l'entrée de leurs étoffes de coton, vingt pour cent, perçus à l'entrée, ne seront pas suffisans pour établir une balance; d'ailleurs nos Marchands trouveront facilement le moyen d'éviter le paiement de ce droit, les Anglois ayant des magasins à Dunkerque, l'Orient, Bayonne, Marſeille & Geneve, & il eſt de fait qu'il ſe trouve des gens aſſez hardis pour contracter l'obligation de faire venir ces marchandiſes de ces différens endroits, dans les villes de Bordeaux, Nantes, Lille, Lyon, Rouen, Paris & Amiens, à raiſon de huit ou dix pour cent, & une fois entrées dans ces dernieres villes, ſur-tout à Amiens, on y poſe de faux plombs, à l'abri deſquels on les fait circuler dans l'interieur du Royaume, comme s'ils étoient de fabriques nationales.

On fait même plus, car je connois des perſonnes qui ont des fabriques de même genre ici, & qui vont régulierement faire leurs achats dans les fabriques angloiſes, & qui les font circuler comme de leur fabrication.

D'après ce détail, s'il m'étoit permis de vous dire ma façon de penſer, je croirois que le plus ſage & le ſeul parti à prendre ſeroit d'interdire abſolument l'entrée en France de toutes les étoffes de coton fabriquées en Angleterre; je dis de fabriques angloiſes; car il faut indiſpenſablement permettre l'entrée des cotonnades des Indes, au moins juſqu'à ce que la France puiſſe former des établiſſemens comme ceux des Anglois, qui la mettent en état de ſe paſſer des ſecours étrangers, ſans quoi tous nos établiſſemens d'imprimerie ſeroient obligés de réduire leurs entrepriſes à très-peu de choſes.

La raison principale qui me porte à désirer qu'on défende l'entrée en France des étoffes de coton fabriquées en Angleterre, c'est l'embarras où ils se trouveront de se procurer un débouché pour l'immense quantité de leur fabrication en ce genre, d'autant plus que plusieurs Puissances n'ont rien négligé pour attirer des artistes anglois, & forment présentement de pareils établissemens chez elles. Je pourrois citer l'Empereur, le Roi de Prusse, l'Espagne, le Portugal, & la Hollande. D'ailleurs si la France tient un peu la main à cette interdiction, je ne doute pas que les artistes anglois ne se trouvent forcés de venir offrir leurs services, pour former de pareils établissemens en France, pourvu que l'administration détrompée supprime le privilége exclusif, accordé, j'ose le dire, par surprise aux établissemens d'Arpajon & Louviers; alors je ne crains d'avancer rien de trop en assurant que dans cinq ou six années on auroit la satisfaction de voir dans le Royaume huit ou dix établissemens bien montés, qui mettroient la France en état de fabriquer ces étoffes aussi bien & à aussi bas prix qu'en Angleterre. Mais si on laisse subsister l'exclusif, il est moralement certain que nos fabriques en velours cannelés & draps de coton seront absolument anéanties, ainsi que tout ce que nos fabriques ont pu faire de toiles pour l'impression & pour la côte de Guinée, ce qui mettra une foule de monde ſur le pavé, & ſera très-pernicieux en particulier pour la généralité de Rouen.

Au regard des étoffes de laine, c'eſt une matiere très-difficile, & ſur laquelle je ne puis vous donner rien de bien certain; je me bornerai donc à vous faire part de ma façon de penſer à cet égard.

Je ſais que nos différentes fabriques de petit lainage, ou laine peignée, ſont bien loin de la perfection de celles des Anglois; il eſt vraiſemblable qu'il ſe paſſera encore bien des années avant que nous puiſſions atteindre à leur perfection, par la raiſon que les laines angloiſes, ſupérieures aux nôtres pour la fabrication, ſont de dix-huit pour cent meilleur marché que les laines de France (1).

Les villes de Lyon, Amiens, Châlons, &c., & même celle de Paris, font en ce genre de fabrique une contrebande conſidérable, ce qu'on ne parviendra point à empêcher tant qu'ils y trouveront leurs intérêts.

Ainſi, puiſque les laines angloiſes ſont plus propres pour la fabrication que celles de France, & que la contrebande va ſon train; je ne verrois pas qu'il y eût beaucoup d'inconvénient, je penſe

---

(1) Les avis qu'on a ſur cet objet, ſont que les laines coûtent, en Angleterre, un tiers & moitié meilleur marché qu'en France. C'eſt un fait à vérifier.

même qu'il seroit sage de leur permettre l'entrée de leur petit lainage, en payant douze ou quinze pour cent de leur valeur.

Il n'est pas de même des draperies, soit fines ou grosses; il faut bien se garder d'en permettre l'entrée: car si les Anglois avoient la liberté de les faire passer en France, même en payant douze pour cent, nos fabricans ne tarderoient pas à vous porter leurs plaintes & à vous représenter que cette permission perdroit leurs fabriques, par la raison que les Anglois sont absolument libres de leur fabrication, & ne sont gênés par aucun réglement, ni pour le mélange des laines, ni pour le nombre des fils en chaîne; en sorte que chaque fabricant a la liberté de fabriquer ses draps de la maniere qu'il convient mieux à ses intérêts.

Il seroit donc impossible à nos fabricans François d'approcher même de la concurrence, à cause des réglemens faits pour les diverses fabriques du Royaume, qui forcent nos fabricans de faire usage de telle ou telle qualité de laine d'Espagne, & de tels nombres de fils en chaîne; en sorte que si on vouloit accorder aux Anglois la libre entrée en France de leurs draperies, il faudroit détruire toute inspection, & annuller tous les anciens & nouveaux réglemens, sans quoi nos fabricans ne seront jamais en état de fabriquer leurs draps à aussi bas prix que les Anglois.

Il eſt vrai que pendant l'adminiſtration de M. Necker, il a été permis aux fabricans de s'écarter à volonté des réglemens, en faiſant mettre un plomb de liberté ſur leurs étoffes : mais on a manqué le but qu'on s'étoit propoſé ; peu de fabricans en ont profité, attendu que ce plomb de diſtinction prevenoit le public que c'étoit une mauvaiſe fabrication, ce qui porte atteinte à la réputation du fabricant, dont le nom ſeul, avec celui de la ville, faiſoient auparavant l'éloge.

Je devrois m'arrêter ici, mais je ne puis m'empêcher de vous parler de quelques objets qui ne ſont peut-être pas très-éloignés de l'affaire dont le conſeil s'occupe actuellement, & qui au reſte me paroiſſent intéreſſans.

Les fabriques de faïence, par exemple, méritent toute l'attention du Gouvernement, non ſeulement, parce que toutes leurs opérations ne conſiſtent qu'en main-d'œuvre, & occupent une foule de monde conſidérable dans différentes provinces du Royaume, & particulierement dans cette généralité, mais encore parce qu'elles fourniſſent un aliment étendu à notre navigation, par la quantité prodigieuſe de nos faïences qu'on exporte dans les Colonies. On a dit que les Anglois demandoient la libre entrée de leurs faïences en France : il eſt certain que ſi le conſeil accordoit leur demande, les établiſſemens nationaux tomberoient

tomberoient absolument ; l'intérieur du Royaume perdroit l'immense quantité de main-d'œuvre qu'elle lui procure, & la marine seroit privée du fret ; car les Anglois, qui ont porté cette fabrication à un point de perfection bien supérieure à la nôtre, trouvent les moyens de l'établir moitié au dessous de celles de France, soit par le bas prix du charbon, soit par la nature de leurs terres qui exigent beaucoup moins de préparation.

Les fonderies en fer méritent également la plus grande attention. On ne peut se dissimuler que celles des Anglois sont infiniment supérieures aux nôtres ; & vous conviendrez que si les Anglois avoient la liberté d'introduire en France leurs ouvrages de ce genre, jamais nos fonderies n'atteindroient à la perfection que le Gouvernement doit avoir tant à cœur.

Les Espagnols & les Anglois tirent librement une grande quantité de fil de lin ; si la sortie en étoit prohibée, il en résulteroit que les Espagnols ne pourroient fabriquer la grande quantité de toiles qu'ils font ; ni les Anglois leurs batistes & linons, leur sol ne pouvant produire le lin propre pour cette fabrication. Il est contre tout bon principe de commerce d'accorder cette liberté aux uns & aux autres, tandis qu'il se trouve annuellement en Picardie une foule de Tisserands qui s'expatrient faute de trouver d'occupation.

Je ne puis m'empêcher de vous faire part d'une observation importante sur un avantage considérable que les Anglois ont sur nous, & que malheureusement on ne parviendra point à attraper en France ; c'est que toutes leurs fabriques sont exploitées par des gens très-riches, qui restent de pere en fils dans le même état, & qui ne se servent de leurs richesses que pour augmenter leurs établissemens : outre l'avantage de trouver de l'argent à plus bas intérêt, ils font eux-mêmes l'envoi de leurs marchandises dans l'étranger, & épargnent par conséquent une commission. Voilà la vraie cause de la supériorité des manufactures angloises, & le soutien de leur navigation.

Il en est bien autrement en France, où presque toutes les fabriques sont dans les mains de gens très médiocres en fortune, dont la plus grande partie sont obligés de vendre à nos négocians leurs marchandises dès qu'elles sont fabriquées, pour se procurer les moyens d'en fabriquer de nouvelles. Vous conviendrez qu'il ne peut y avoir grande émulation chez des gens si peu fortunés ; ainsi leur conduite prouve malheureusement qu'ils n'ont d'autre but que de gagner un capital qui puisse les mettre en état de vivre dans l'indépendance ;

alors ils quittent le commerce, & se jettent dans les charges : tant que cet abus subsistera en France, vous conviendrez que nos voisins auront toujours l'avantage sur nous.

Nous avons cependant ici une maison qui a toujours suivi un si bel exemple, & qui depuis des siecles est restée de pere en fils dans le commerce. Aussi puis-je avancer que c'est la maison la plus accréditée de l'Europe ; je veux dire la maison de le Couteulx ; mais je la vois malheureusement presque la seule en France.

Si, comme je le pense, Monsieur, il s'agit d'un traité de commerce avec les Anglois, il se trouveroit bien d'autres objets sur lesquels il seroit bon de vous donner des éclaircissemens ; mais les chambres du commerce *qu'on n'aura pas manqué de consulter*, vous auront éclairé sur bien des points qui sont particulierement de leur ressort.

Enfin je terminerai cette lettre par une remarque qui me paroît venir à propos, & qui peint bien l'attention que les Anglois donnent aux affaires de commerce. Ils ont un comité choisi parmi les premiers négocians pour éclairer le ministere, & depuis l'entrée de M. Pitt, le Parlement a formé aussi un comité de fabricans, dont les séances se tiennent à Londres, qui ont soin de consulter leurs confreres dans les différentes provinces, & qui font part au Parlement du résultat de leurs travaux. On ne peut disconvenir que de pareils établissemens sont bien vus pour empêcher le ministere de faire de fausses démarches.

Je comptois terminer ici ma réponse, mais je ne puis m'empêcher de vous faire part de quelques nouvelles réflexions sur le grand intérêt qu'a la France de favoriser autant qu'il est en elle les fabriques d'étoffes de coton, & de hâter l'établissement des mécaniques à l'instar des Anglois.

J'ai eu l'honneur de vous observer dans ma précédente lettre, que la seule province de Normandie consommoit annuellement 20 mille balles de coton, sans compter ce qui en est employé dans la Picardie, le Lyonnois, le Berry, & le Languedoc. En supposant chaque balle peser 200 livres, les 20 mille balles font 4 millions de livres de coton. On peut estimer que chaque livre de coton, pour la carder & la filer, occupera une fille pendant six jours, ce qui n'est pas trop, attendu que le prix pour la filature d'une livre de coton, va depuis 45 sous jusqu'à 12, 15 & 20 livres. Or si on multiplie 4 millions de livres de coton par 6, nombre de jours de travail que demande chaque livre, on trouvera que la Normandie emploie seule, par an, 24 millions de journées de filles & femmes, sans compter nombre d'autres personnes employées dans le bobinage, tissage, blanchissage, teintures & autres apprêts, qui surpaſſent de beaucoup plus du double cette premiere main-d'œuvre. Outre ces avantages intérieurs, elle fait une partie des revenus de nos Colonies, par l'emploi qu'elle donne à la navigation ; d'où il réſulte que la branche de fabrique de coton eſt infiniment plus précieuſe à la France que tout autre genre d'étoffe ; & par conſéquent qu'il eſt de ſa politique de la protéger & de l'étendre autant qu'il ſera poſſible.

On peut m'objecter qu'en multipliant les établiſſemens de cardage & filature par eau, que je ſollicite avec tant de chaleur ; cela diminuera en très-grande partie la main-d'œuvre dont je viens de tracer une eſquiſſe ; mais j'oſe ſoutenir qu'il en ſera tout le contraire, chaque mécanique à l'eau employant bien des gens : il n'eſt queſtion que d'avoir l'attention de fixer ces nouveaux établiſſemens dans des villes ou villages éloignés l'un de l'autre, & dans des endroits où la filature du coton eſt déjà établie; d'ailleurs l'avantage que ce genre de filature procurera, de faire fabriquer toutes les eſpeces de toiles de coton que la France a juſqu'à préſent été forcée de tirer de notre compagnie des Indes, & de celles d'Angleterre & de Hollande, ſans quoi nous n'aurions jamais monté nos établiſſemens de toiles imprimées ſur le pied où elles ſont, & aurions été forcés d'abandonner la traite des negres ;

cette nouvelle fabrication, dis je, suppléera & prendra la place de la partie de main-d'œuvre que les mécaniques pourront supprimer. Outre que la France conservera par ce moyen des millions qu'elle verse annuellement en Angleterre & Hollande, pour l'achat de ces diverses especes de toiles.

L'Angleterre a tellement connu l'avantage de conserver la main-d'œuvre chez elle, que jusqu'à présent elle a absolument interdit dans la Grande-Bretagne l'usage des toiles venant des Indes, sous peine de confiscation, & de 120 livres d'amende pour chaque robe, au profit du délateur ; en sorte que les ouvriers mêmes ont été intéressés à découvrir ceux qui, malgré ces défenses, porteroient de ces étoffes. Mais on a toujours permis l'usage des toiles en chaîne de fil & trame de coton, qui sont très-peu inférieures aux toiles des Indes, par le moyen des fils de lin qu'ils tirent de Picardie.

Il seroit donc, comme j'ai déjà eu l'honneur de vous l'observer, de la bonne politique d'empêcher avec soin l'entrée des étoffes angloises ; car si on les toléroit, nous perdrions en très-peu de temps une branche de commerce si précieuse à l'Etat, par la foule de monde à qui elle procure du pain ; faute de quoi, ils seroient obligés de s'expatrier, ou de rester à la charge de l'Etat.

Enfin, Monſieur, voilà ma façon de voir ſur tous ces objets ; je vous prie de vouloir bien excuſer ma franchiſe, en faveur du zele qui m'animera toujours pour la proſpérité du commerce françois.

Je ſuis avec reſpect,

MONSIEUR,

Votre très-humble & très-
obéiſſant ſerviteur.
Signé, HOLKER.

Rouen, *ce* 29 *décembre* 1785.

LE ſieur Boyetet ne croit pas faire une infidélité au ſieur Dupont, en publiant cette lettre & ce mémoire ; il ne ſe le feroit certainement pas permis ſi le ſieur Dupont ne ſe fût pas affiché, en ſe déclarant publiquement, comme il l'a fait, le coopérateur & l'apologiſte du traité de commerce avec l'Angleterre, & comme le champion de cette opération.

Et comme l'examen de ce mémoire & de cette lettre l'a mené à faire des obſervations qui pourroient être utiles pour fixer l'opinion de l'Aſſemblée nationale ſur les vrais effets de cette fatale opération, il a jugé néceſſaire de les lui préſenter ; elles finiront & completeront ſon travail ſur ce funeſte traité, & le recueil qu'il a cru devoir lui en préſenter.

COPIE d'une Lettre du sieur Dupont au sieur Boyetet, qui en garde l'original en son pouvoir.

JE vous envoie mon mémoire, mon cher confrere; je supplie votre excellent esprit de le relire avec attention (1).

J'espere que vous verrez, 1°. que nous ne sommes pas diamétralement opposés, & j'en serois bien fâché, qu'au contraire nous avons beaucoup de points communs, & cela est difficile autrement, quand on considere comme nous le faisons avec un zele égal & une application soutenue, la nature des choses & l'ensemble des faits (2).

---

(1) Ce n'étoit pas ce mémoire que le sieur Boyetet attendoit, mais celui qui avoit été présenté à M. de Calonne, & que le sieur Boyetet avoit lu. Ils étoient diamétralement opposés; il n'y avoit qu'à les lire. Que le sieur Dupont le produise; tous les principes établis dans ce nouveau mémoire suffisent pour en convaincre.

(2) On se réfere aux détails présentés dans les observations sur ce sujet.

2°. Que je n'ai point regardé le Royaume seulement comme il doit être, mais avec une sévérité rigoureuse comme il est, depuis la page 6 jusqu'à la page 12 ; & que c'est de cette situation du Royaume que j'ai tiré la conséquence, que comme il peut s'améliorer, ce que l'Angleterre ne peut pas, nos conventions, telles qu'elles sont aujourd'hui, deviendront de jour en jour plus favorables par le seul cours des choses ; car pourtant notre Gouvernement songe à ses affaires un peu plus que par le passé (1).

Je ne m'éloigne point du tout de l'idée de consulter les chambres de commerce ; mais je crois que nous devons nous assurer que le renvoi de leurs lettres nous soit fait, afin que nous puissions résumer & balancer leurs opinions, & nous charger de présenter au Ministre les motifs de la sienne (2).

---

(1) Singulier prétexte pour éloigner de consulter.

(2) Il falloit supposer que le Ministre ne liroit point nos mémoires, & n'y trouveroit pas la confirmation de ce que je lui avoit dit en les lui présentant, que nous avions pris exactement le contre-pied, pour se flatter qu'il ne verroit pas que nous n'étions ni ne pouvions être d'accord. Cette crainte de l'appel d'un tiers est bien singuliere ; comment pouvoir s'imaginer que dans une affaire d'une importance telle que ce traité, le Ministre se guideroit uniquement par l'avis de deux

Remarquons que c'eſt pour cela qu'il nous a pris ; que ſi nous lui paroiſſions oppoſés, il faudroit qu'il en prît un troiſieme ; que nous avons donc, & pour nous, & pour le bien public ſur lequel nous avons déjà un peu influé & pourrons influer davantage, le plus grand intérêt d'être, ou au moins de paroître d'accord.

Je ne demanderai point à un homme vertueux & ſenſé de ſacrifier ſon opinion ; mais, comme nous ſommes tous deux raiſonnables & ſuſceptibles d'une forte application, je demanderai & j'offrirai pour ma moitié, que lorſque nous nous trouverons ou nous nous croirons d'avis différent, chacun retravaille ſon idée, examine de nouveau les principes, les faits, les conſéquences, cherche, non pas les raiſons de ſa propre opinion, mais celles qui peuvent motiver l'opinion de ſon confrere ; car nous ne ſommes abſurdes ni l'un ni l'autre, nous n'avons ni l'un ni l'autre une opinion ſans ſavoir pourquoi ; lorſque nous voyons un objet diverſement (1), c'eſt donc qu'il a diffé-

---

perſonnes, quand il s'agiſſoit de décider du ſort d'une Nation, & oſeroit le faire ſans la conſulter ? Il eſt vrai qu'on ignore qui il a conſulté, & qu'il a réſiſté à toutes les inſtances à lui faites pour le faire : ce ſera à lui à en donner les raiſons.

(1) Regarder & examiner les choſes ſous toutes les

rentes faces ; il n'y a qu'à les regarder toutes, pour les toutes reconnoître & s'accorder. Je n'ai pas encore vu deux hommes de meilleure foi ; en tournant donc avec attention autour de la vérité, nous nous en ferons la même idée ; car la vérité est une, & a un charme naturel qui lui attache ou y ramene les bons esprits ; & si ayant fait chacun une partie du chemin, nous n'arrivions pas tout à fait au même terme, il ne faudroit pas nous en vanter ; mais tendre la main par dessus la haie, & voir encore ce que dans cette position même nous pourrions faire pour le bien général ; vous savez à quel point j'y suis disposé.

Je vous embrasse de tout mon cœur.

J'appuie mon mémoire sur la contrebande du tabac, dont les principes peuvent s'appliquer aux autres contrebandes.

---

faces dont elles sont susceptibles, est effectivement le moyen de découvrir la vérité. J'avois établi mon opinion sur des raisons que j'avois déduites ; il falloit les détruire & me convaincre que j'etois dans l'erreur ; c'est ce qu'on n'a point fait, ni même entrepris. Tout le reste n'étoit donc que des mots & des phrases dont l'intention ou le sens étoient démentis par le fait.

COPIE DU MÉMOIRE DE M. DUPONT.

OBSERVATIONS sur les motifs particuliers qui peuvent déterminer le Traité de commerce entre la France & l'Angleterre. Détails sur les avantages réciproques qu'il procurera aux deux Nations. Preuve qu'il ne sauroit faire aucun tort ni à l'une ni à l'autre.

QUOIQUE les principes établis dans le Mémoire précédent paroissent incontestables & soient assez généralement adoptés, il existe encore, même chez d'excellens esprits, des opinions particulieres qui en contrediroient l'application. C'est à l'examen de ces opinions que l'on destine le Mémoire actuel.

Quelques personnes disent, *qu'il ne faut pas se flatter que le traité de commerce annoncé entre la France & l'Angleterre ait lieu, parce que l'Angleterre n'y procede pas de bonne foi, que son intérêt & son esprit national ne la portent point à un traité de commerce.*

D'autres perſonnes diſent que *nous n'avons point d'intérêt à ce que le traité de commerce ſe réaliſe, & que l'exacte réciprocité ne nous procureroit pas les avantages que nous en eſpérons.*

On ne partage l'opinion ni des uns, ni des autres. Mais comme ces deux opinions ſe mêlent quelquefois dans la ſociété, & s'y ſoutiennent avec une égale chaleur, on commencera par obſerver qu'au moins l'une des deux devroit détruire l'autre.

On ignore d'où M. D.... tiroit ces aſſertions. Ce n'étoit certainement pas du travail que M. Boyetet avoit préſenté, & dont il avoit copie. Il auroit mieux fait d'entreprendre d'y répondre & de le combattre, au lieu d'opinions vagues dont on ignore la ſource & même l'exiſtence, ou ſi elles ſont ſuppoſées, pour pouvoir les combattre avec avantage.

Si l'Angleterre n'étoit pas de bonne foi, & ſi elle enviſageoit de la perte dans un traité de commerce, ce ſeroit une preuve qu'elle regarderoit ce traité comme trop profitable pour nous, & par conſéquent que nous devrions faire tous nos efforts pour l'y déterminer, même en achetant par quelques ſacrifices les grands avantages qu'elle craindroit de nous donner.

Si au contraire on imagine que *nous ne pourrions traiter qu'en dupes*, *& que tous les avantages du traité seroient pour l'Angleterre, nous ne serions pas dans le cas d'appréhender que celle-ci ne se portât point de bonne foi à un traité qui lui seroit si favorable* ; nous devrions compter sur sa bonne volonté, & mettre seulement nos soins à rapprocher ce traité, de l'esprit de réciprocité d'avantages qui en doit être la base, l'objet, & le principe.

Le fonds du traité doit être de lever des deux côtés les prohibitions respectives & les droits équivalens à prohibitions, & de les remplacer par la liberté de faire entrer dans chacun des deux Royaumes les productions & les marchandises de l'autre, à la charge de payer des droits assez forts pour être de quelque importance, assez modérés pour que la perception en soit assurée, & pour qu'ils ne se traduisent pas en primes données à la contrebande.

On n'a pas suivi ces principes dans le Traité, s'entend de la part de l'Angleterre, puisqu'elle a donné l'exclusion aux soieries, & conservé des droits énormes sur les vins ; la France, en réciprocité, n'a rien exclu, & a soumis les objets les plus intéressans de l'industrie angloise à des droits très-modiques.

On a beau considérer sous toutes ses faces la nature du commerce qui peut être exercé entre les deux Nations, on ne sauroit imaginer en quoi cette convention réciproque pourroit être désavantageuse à l'une ou à l'autre ; mais sur-tout en quoi elle pourroit l'être à la France.

Les conventions faites au profit de celle-ci seront toujours moins précaires & moins dépendantes des circonstances que celles faites au profit de l'Angleterre. Car, dans la diversité des matieres du commerce des deux Nations, les avantages de la France sont fondés sur des productions territoriales dont on ne sauroit la priver, & ceux de l'Angleterre sur des branches

Il n'y avoit qu'à prendre les détails fournis par M. Boyetet, & on auroit vu ce que cette convention réciproque avoit de désavantageux pour la France. Cette prétendue ignorance est assez surprenante.

Cette assertion est vraie quant aux vins & eaux-de-vie de vin que l'Angleterre n'aura jamais, mais qu'elle peut se procurer d'ailleurs comme elle sait le faire, & dont d'ailleurs elle est fort la maîtresse de se passer, s'entend de ceux de France, dont beaucoup plus des quatre-vingt-dix centiemes de la nation ne connoissent pas l'usage.

Cette possibilité existe, sans doute, mais non avec

branches d'industrie qu'il est possible que la France lui enleve un jour, ou du moins qu'elle partage avec elle.

la facilité qu'elle se couche sur le papier.

Il y a plus, nos fautes passées, qui constituent l'état actuel où nous nous trouvons, présagent à notre agriculture & à notre commerce, des progrès & des succès futurs, qui doivent être le fruit de l'attention du Gouvernement, portée enfin avec quelque suite sur ces objets importans, tandis que l'Angleterre, qui, depuis un siecle & demi, a fait tout ce qu'elle a pu, n'a point de progrès nouveaux à espérer.

Si on en juge par les belles choses consignées dans nombre de mémoires, on formera certainement ces heureux présages; mais si l'on consulte l'expérience, on croira avoir rêvé, & on en sera promptement détrompé.

L'Empire Britannique est une terre portée à toute sa valeur, & même à une valeur exagérée en quelques points, par une administration très-active. La France est une terre fertile, mais négligée depuis long-temps, des produits & des revenus de laquelle on jugeroit mal par la situa-

On se réfere aux observations faites sur ces articles.

tion où ils se trouvent aujourd'hui. Elle peut & doit être considérablement enrichie & améliorée, même ne dût-elle avoir qu'une administration médiocre; car il n'y a presque rien de fait chez elle, que ce qu'elle doit à la nature de son territoire & au caractere de ses habitans. On peut ajouter qu'elle est affoiblie par un grand nombre de maladies factices, toutes très-faciles à guérir. Ses vins même sont loin d'être aussi perfectionnés & rendus aussi généralement bons qu'ils pourroient l'être. La distillation de ses eaux-de-vie consomme en pure perte une énorme quantité de combustibles, que des méthodes plus ingénieuses, qui commencent à être connues, pourroient épargner, & dont l'épargne fera baisser le prix & augmenter le débit de cette marchandise précieuse. Le commerce de ses sels à l'étranger est restreint, & presque détruit par des droits d'un produit à peu près nul, qui doivent être supprimés, & dont la suppression rendra leur an-

Il est heureux d'avoir ces précieuses connoissances, & encore plus d'y fonder des espérances aussi flatteuses.

Toujours des espérances fondées sur des réformes à venir.

cienne splendeur à cette production & à ce commerce vraiment intéressant. Ses cuirs, autrefois d'une très-grande importance, sont diminués d'environ moitié pour la quantité & pour la qualité, par les suites d'une imposition dont la perception nécessite une multitude incroyable de dépenses, de vexations, & de procès, parce qu'elle tient à une marque qui, susceptible de s'étendre & de se raccourcir par l'humidité & la sécheresse, ne peut jamais être vérifiée. Ses laines, encore imparfaites, peuvent cesser de l'être en huit ou dix ans d'encouragemens répandus avec intelligence par l'administration de l'agriculture. Les laines angloises n'ont pas toujours été ce qu'elles sont; elles étoient autrefois

L'Auteur ne pouvoit ignorer l'ancienneté & l'inutilité des plaintes & des réclamations les plus vives & les plus fondées. Quelle certitude pouvoit-il avoir qu'elles seroient plus écoutées & que les obstacles qui avoient été jusqu'alors insurmontables, seroient applanis & levés? L'espoir en suffisoit-il pour, en attendant, ouvrir ses portes aux cuirs anglois, & par conséquent achever d'écraser le peu qui restoit en France, & donner le coup de grace aux foibles tanneries qui y restent? Le moyen est absolument nouveau.

pareilles à nos laines de l'Auxois. Ce sont les soins & les encouragemens du Gouvernement qui les ont perfectionnées. En prenant les mêmes soins, & l'administration de l'agriculture les prendra, nous aurons l'avantage de pouvoir imiter les laines d'Angleterre dans nos provinces septentrionales, & celles d'Espagne dans les méridionales. Quant aux cotonnades & aux quincailleries, nous avons les vivres & la main-d'œuvre à meilleur marché que l'Angleterre; notre peuple n'est pas naturellement plus bête que les Anglois; la liberté rendue aux consciences nous amenera un grand nombre de leurs ouvriers; & la supériorité actuelle

Il est certain que la qualité des laines est susceptible d'amélioration; mais il est par trop extravagant d'en annoncer la possibilité en huit ou dix ans. Tant qu'on laissera subsister les causes qui s'y opposent, un siecle ne suffira pas.

Toujours mêmes facilités, comme si tous ces changemens, établissemens, &c., s'operoient d'un coup de baguette.

Effectivement les Anglois ont accordé & accordent des priviléges à tous les inventeurs utiles, & c'est à ce systême qu'ils sont redevables des progrès rapides qu'ils ont faits dans tous les genres d'industrie, & de la perfection étonnante à laquelle ils ont

de ceux-ci tient uniquement à un certain nombre de machines ingénieuses qu'il est très-facile de se procurer, & par rapport auxquelles il est même possible de gagner la primauté sur les Anglois, qui sont en général la faute de donner des priviléges exclusifs aux inventeurs de ces machines : de sorte qu'elles peuvent se trouver communes en France, avant d'être d'un usage général en Angleterre. Notre peuple est détourné de ses travaux par les corvées ; effrayé, vexé, & rançonné par le tirage des milices ; soumis à des impositions dont la répartition est, à beaucoup d'égards, arbitraire ; notre commerce intérieur & les communications

poussé les machines qui diminuent si considérablement leur main-d'œuvre. Ils les ont multipliées au point qu'ils sont en état de fournir toute l'Europe, & sont bien éloignés d'avoir des débouchés suffisans à tout ce qu'ils peuvent fabriquer.

N'est-ce pas une dérision d'annoncer & présager à la France, qui est à peine aux premieres essais, la possibilité de gagner sur eux la primauté.

Toutes ces réformes & ces moyens peuvent effectivement exister dans la tête des faiseurs de projets & même dans les cabinets des Ministres ; regardez-

d'une de nos provinces à l'autre, sont obstruées par une multitude de péages & de droits locaux. Mais les corvées ne peuvent durer; M. le Contrôleur général est au moment d'en prescrire le rachat. Il sait qu'on peut recruter l'armée à moins de frais & mieux, sans le tirage des milices. Les péages, les droits locaux, l'arbitraire des impositions, ou s'éteindront insensiblement par le progrès des lumieres & des opérations paternelles, ou disparoîtront avec plus de rapidité par la suite des vues bienfaisantes du Ministere.

les donc comme exécutés, & signez le Traité.

Tous les événemens auxquels la force des choses entraîne, ne peuvent donc que nous conduire à un développement de travail & d'industrie fort au dessus de ce que nous avons fait jusqu'à ce jour. Dans nos conventions avec les Anglois, qui n'ont que peu ou point de progrès à faire, l'équilibre actuel, *si nous l'atteignons,*

Oui, sans doute, l'excès des maux & des sottises peut être tel, qu'il devienne intolérable; c'est leur réunion qui a amené & forcé les Etats Généraux.

Il est heureux que l'Au-

sera donc le gage de notre supériorité future ; & l'infériorité présente d'avantages ne prouveroit pas que cette même supériorité ne nous fût réservée sous peu de temps.

Il nous suffit, pour y arriver, que notre Gouvernement puisse suivre l'impulsion qu'il se donne, & que la tournure actuelle des esprits lui imprime vers les travaux utiles, & qu'il n'en soit pas détourné par la guerre. Mais nous ne pouvons attendre de guerre redoutable que de la jalousie des Anglois. Si nous désintéressons cette jalousie, en laissant à leur commerce un cours raisonnable, payé par des faveurs réciproques pour le nôtre, nous n'aurons plus

teur ait senti la nécessité de cette restriction, après le ton d'assurance & de confiance avec lequel il a annoncé tout ce que dessus.

Oui, sans doute, si les rêves & les projets conçus dans quelques têtes suffisoient pour rendre tout facile, applanir tous ces obstacles & en assurer l'exécution.

On verra par les détails contenus dans tous ces mémoires, à quel prix on achetoit la paix ; d'ailleurs étoit-il bien sûr qu'il n'y eût qu'eux qui pussent la troubler, & qu'ils ne le feroient pas, quand ils jugeroient nous avoir amenés par les suites du Traité, lentement & sourdement de guerres à craindre, & ce que nous semblerions perdre pour le commerce, en supposant possible que le commerce pût exposer à perdre, nous le regagnerions par la continuité de la paix qui peut seule laisser aux capitaux leur emploi naturel & profitable, à l'industrie, aux science, aux arts leurs salaires & leur ressort.

au plus grand épuisement, comme il est prouvé par les faits que ce devoit être son effet, si l'aveuglement de l'administration & la patience de la Nation duroient assez pour lui donner le temps de consommer l'effet que naturellement ils en attendoient.

Notre Gouvernement n'a pas cru que l'état de prohibition respective fût l'état naturel & désirable des deux Nations, puisqu'il ne s'est porté à renouveler & à étendre la rigueur de ses lois prohibitives, que pour déterminer l'Angleterre à ce traité de commerce & à ces vues de récipro-

Il n'étoit sans doute pas désirable ; mais sa cessation devoit être réciproque & non presque que de la part de la France, étant prouvé par les faits, que dans la réalité il est resté sur le même pied de la part des Anglois vis-à-vis de la France, à très-peu de chose près.

cité dans lesquelles on sembleroit imaginer que nous pourrions trouver du désavantage.

Mais ce désavantage ne peut être ni considérable, ni même réel; ou du moins ne peut-il avoir l'effet *de détruire* aucune des branches actuelles de notre industrie.

Vraisemblablement on ne soutiendra plus cette assertion ni les suivantes, à la vue de ce qui se passe dans nos Provinces; c'est ce qu'on avoit annoncé en en présentant les raisons; il falloit les détruire. C'est ce qu'on n'a pas osé entreprendre, & au contraire on a éloigné tout ce qui tendoit à éclairer & approfondir ces doutes & ces différentes opinions.

Il n'y a que la petite draperie & la quincaillerie, par rapport auxquelles la supériorité de l'Angleterre soit décidée. Nous avons quelques fabriques du second genre. Nous en avons beaucoup du premier, très-actives & très-considérables, en Picardie, en Champagne, en Languedoc; toutes se sont formées sous la pleine concurrence de l'Angleterre, dont les marchandises entroient,

Cela est de toute fausseté, la contrebande de ces marchandises pénétroit peu ou en petites quantités dans les provinces.

malgré la prohibition, soit en contrebande, soit publiquement, comme venant d'Allemagne & de Hollande. Il est très-difficile d'empêcher que cela ne continue, sur-tout depuis le traité que nous venons de faire avec les Etats Généraux, & auquel nous n'aurions pu parvenir, si nous avions voulu priver leurs sujets de ce colportage.

Depuis le 10 & le 17 juillet, époque de nos prohibitions comminatoires, cette introduction de marchandises angloises n'a pas cessé de se perpétuer, & ce que nous avons de manufactures du même genre n'en est ni pis ni mieux. Nous n'avons ni provigné ni *détruit*; la continuation du même

Toujours le même raisonnement favori, fondé sur la contrebande inévitable, qui auroit été détruite, si on avoit livré cette matiere à la discussion, & si on avoit cessé de n'employer, pour la combattre, que des réglemens & des prohibitions, sans même, comme il est arrivé, tenir le moindrement la main à leur exécution.

Mais l'Auteur en savoit la raison, & c'étoit, comme il lui a conté, parce que les douaniers s'étoient permis de ne point les exécuter, & de continuer à laisser entrer, sans doute pour ne pas perdre leurs droits. Le Gouvernement avoit, à son ordinaire, cru que l'arrêt des prohibitions suffiroit à tout: il lui fut proposé des moyens régime ne pourroit ni servir ni *détruire.*

d'en tirer parti & de pourvoir à tout ; il eut l'air de vouloir s'y prêter, mais il n'y mit aucune suite ; & au contraire il agit avec sa légèreté & son inconséquence ordinaires.

On a proposé, il est vrai, de le renforcer, de soutenir les lois prohibitives, & de réprimer la contrebande par des visites domiciliaires ; mais si l'on demandoit l'avis de nos Négocians & de nos Fabricans mêmes, il n'y en a pas un qui ne préférât tous les inconvéniens de la concurrence, au danger de voir troubler son repos le jour & la nuit, interrompre ses Ouvriers & ses Commis, bouleverser ses ateliers & ses magasins, violer le secret de ses correspondances, de ses factures, & de ses livres, pour empêcher que les établissemens de fabriques ou de commerce national ne servent à couvrir un commerce étranger.

Il falloit effectivement consulter le commerce, & il auroit ouvert des moyens praticables & non violens, comme il avoit commencé à le faire & le fera toujours quand on saura inspirer & assurer sa confiance ; c'est se faire des monstres pour avoir l'avantage de les combattre.

La terreur des visites domiciliaires suffiroit pour

engager tous les capitalistes aisés à quitter le commerce, afin d'échapper à l'obligation de supporter une inquisition si dangereuse & si avilissante.

Ces capitalistes, se sauvant dans l'inutilité d'une vie oisive, enleveroient à notre commerce son moteur principal & presque unique, les capitaux qui lui donnent de l'activité. Il est sensible que la prohibition de la contrebande ne pourroit jamais faire au commerce national autant de bien que les vexations & la crainte des visites domiciliaires, & la retraite des Négocians riches qui en seroit la suite, lui feroient de mal.

Derechef, c'est combattre des monstres imaginaires.

On a déjà remarqué que ce système des visites domiciliaires, si redoutable pour le commerce, seroit impuissant contre l'introduction & le débit des marchandises prohibées, & qu'il se réduiroit à faire transporter ces marchandises dans les maisons de personnes considérables par leur naissance ou par leur crédit, & à mettre le commerce entre les mains de leurs valets, espece d'agens dont il seroit très-dispendieux, très-dangereux, & de très-mauvaises mœurs, d'introduire l'usage.

On ose donc encore espérer qu'un Gouvernement sage qui juge, dans les opérations politiques, *quid valeant humeri, quid ferre recusent*, qu'un Gouvernement bienfaisant qui ne veut pas détourner l'emploi naturel des capitaux, ni bannir du commerce ceux qui savent le faire, pour le livrer à de nouveaux venus subalternes, sans considération, sans moyens, également ignorans & avides ; on ose espérer que ce Gouvernement paternel renoncera au systême des visites domiciliaires. Ce systême a pu être mis en avant, comme une menace, pour effrayer encore plus les Anglois, & les presser de conclure le traité de commerce ; mais il ne pouvoit être effectué qu'au détriment de notre peuple, en portant la désolation chez nos Négocians, & le désordre dans les capitaux & dans les opérations du commerce.

Tout le reste de ce mémoire a pour but de soutenir le systême favori que le Traité de Commerce ne faisoit que remplacer la contrebande, comme si on en voyoit en général ailleurs qu'à Paris, & si dans les Provinces on avoit vu, jusqu'au Traité, la quantité de voyageurs anglois avec des échantillons, & celle des magasins abondamment pourvus qu'ils ont ouverts par-tout. C'est à présent sur les faits qu'on peut raisonner. Au reste, il faudroit des volumes pour répondre à tous ces raisonnemens, qui sont toujours appuyés sur des bases fausses & imaginaires.

Sans employer ce moyen, à la fois extrême & impuissant, nous pouvons améliorer le sort de nos manufactures dans les deux genres même où elles semblent être obligées de céder à celles des Anglois. Nous le pouvons en diminuant l'importation des lainages & des quincailleries d'Angleterre; par le seul moyen efficace que la Nature ait laissé aux Gouvernemens pour restreindre une importation.

Quant à ce qui a rapport au Traité, on pourra juger par tous les détails présentés dans ce travail, de sa solidité.

Ni les prohibitions ni les droits prohibitifs ne peuvent arrêter l'entrée & le débit d'une marchandise que le Public veut consommer & payer; les uns & les autres se traduisent en primes données à la contrebande, & contre les ressources & l'efficacité desquelles tout le pouvoir des Rois & des sociétés politiques vient se briser. Ce qui arrête, ou du moins *ce qui restreint*, c'est un droit d'entrée qui ne surpasse que deux ou *trois* au plus pour *cent*, la prime qu'il faudroit donner à la contrebande; car alors ce droit est payé, les Négocians préférant naturellement la sûreté lorsqu'elle n'est achetée que par une dépense médiocre, & trouvant d'ailleurs à un commerce honnête & public, l'avantage de pouvoir le solder par des retours sur lesquels ils regagnent aisément les *deux ou trois pour cent* dont les droits se trouveroient excéder le prix de l'assurance du commerce illicite.

Or comme des droits que l'on paye, & qu'on n'a pas d'intérêt suffisant à frauder, sont cependant une charge plus grande que des droits prohibitifs qu'on ne paye pas, ou que des prohibitions qui sont inévitablement violées, l'établissement de tels droits est le plus fort & le seul véritable moyen *de répulsion* que les Nations puissent employer avec constance contre les marchandises dont elles appréhendent que l'importation & la consommation ne soient trop abondantes dans leur pays, ou que la concurrence ne soit redoutable à leurs manufactures.

Si nous craignons donc l'entrée des lainages & de la quincaillerie des Anglois, si nous voulons donner aux nôtres tout l'avantage qui peut dépendre de l'autorité de notre Gouvernement, c'est à des droits d'entrée de deux à trois pour cent au dessus de ce que coûte la contrebande, que nous devons avoir recours.

Il faudroit embrasser ce parti pour l'intérêt de nos manufactures, quand nous ne serions pas conduits à le faire par les vues de bienveillance, au moins apparentes, qui doivent présider à un traité de commerce.

Et c'est néanmoins dans cette opération qui nous seroit prescrite par notre seul intérêt, pour diminuer de l'unique maniere qui puisse être efficace, une concurrence que l'on ne peut éviter en entier, & que l'on diminueroit moins de toute autre façon ; c'est dans cette opération faite par une convention réciproque, que doit consister le traité de commerce.

On vient de considérer ici ses effets relativement aux deux branches sur lesquelles les Anglois ont plus d'avantages, & l'on croit avoir démontré que s'il ne favorisoit pas ce que nous avons de manufactures de petite draperie, au moins ne pourroit-il les *détruire*, puisqu'elles se sont élevées & maintenues contre une concurrence qui étoit chargée de moins de frais.

Quant aux quincailleries, il faut répéter que la supériorité des Anglois ne tient à aucune production qui leur soit naturelle, mais seulement à quelques machines plus expéditives pour mouler les pieces & pour polir l'acier. Il n'y a rien de plus facile que de leur enlever cette supériorité ; & les François réfugiés que l'arrêt du 13 novembre dernier & les lettres patentes qui doivent en être la suite, rameneront dans le royaume,

A l'en croire, on devoit voir revenir en foule les François réfugiés. L'événement indiquera ce qui

royaume, y rapporteront naturellement cette industrie.

en est ; mais quelqu'un qui auroit eu quelque connoissance de tous les vices de notre législation & de notre administration en matiere de commerce, auroit dû juger au contraire que si cet arrêt devoit les ramener, ils auroient trouvé mille motifs qui les auroient repoussés de nouveau, avec autant de force que la révocation de l'Edit de Nantes.

Sur toutes les autres parties de notre commerce, l'avantage nous est assuré, parce qu'encore une fois les Anglois ne possedent, avec une exclusion qui doive être perpétuelle, que leur étain, & avec une exclusion présente, que leurs laines, sur lesquelles une bonne administration de l'agriculture peut espérer de leur enlever leur privilége exclusif dans dix ou douze années.

On a dit que nous ne pourrons exporter en Angleterre que pour *dix millions* de productions & de marchandises, & que nous en tirons pour *trente millions.* Il est très-difficile d'avoir à cet égard des notions exactes entre deux Nations qui sont dans un état de prohibition, & font réciproquement leur com-

Si on prétend combattre ce qu'on a avancé dans le premier mémoire fourni à M. de Calonne, il falloit le faire en totalité, & non par lambeaux détachés.

merce par contrebande, ou par le ſecours intermédiaire de quelques autres Nations.

Les états de la balance du commerce portent à peu près à *onze millions* l'année commune de prix de nos exportations pour l'Angleterre, & à *treize millions* celles des importations. Ces eſtimations de la balance du commerce, quoique très-imparfaites, & mettant, quant aux importations, les frais de route & de commiſſion en dedans, & quant aux exportations, en dehors, ſont cependant les ſeuls calculs ſur ces objets qui aient quelque apparence d'authenticité. Ils évaluent l'année commune de l'exportation de nos vins pour l'Angleterre à dix-neuf cent mille francs; la valeur de ces vins pour la conſommation étant à peu près quintuplée par les droits d'entrée en Angleterre, on peut donc eſtimer que la dépenſe que font actuellement les buveurs anglois en vins de France, ſe monte à *neuf millions cinq cent mille livres*; ſi les droits étoient notablement reſtreints, l'habitude de cette dépenſe tourneroit, par une marche naturelle, en accroiſſement de conſommation à notre profit.

D'ailleurs, actuellement il n'y a que les gens très-riches en Angleterre qui peuvent boire du vin de France; ſi les droits étoient modérés dans une proportion raiſonnable, cette faculté s'étendroit ſur les gens aiſés, qui, pour ſe procurer une jouissance de plus, & pour imiter celle des riches, se porteroient à ce genre de consommation.

On va donner un aperçu de l'étendue à laquelle on peut estimer que s'éleveroit en Angleterre la consommation du vin de France.

Les Isles Britanniques sont peuplées de *neuf millions d'habitans*; on suppose *qu'un seul sur cinquante* boive du vin de France, à raison d'une bouteille par jour, cela fait une consommation de *cent quatre-vingt milles bouteilles*, qui, à 10 sous l'une dans l'autre, forme un débit de *quatre-vingt-dix mille livres* par jour, & ce qui nous assureroit pour l'année un débouché de *trente-deux millions huit cent cinquante mille livres*: & quel commerce sur lequel le Roi possede des droits qui, réunis, s'élevent à plus d'un

Quels calculs! Pourquoi en établir sur des suppositions, & ne pas prendre les données les plus vraisemblables? Pourquoi porter si bas ces suppositions? Au reste, à présent on a des faits positifs, & on est en état de juger de la réalité de ces beaux calculs si séduisans. Au reste & de rechef, tout le reste de ce mémoire se trouve amplement discuté dans tout ce travail. On doute qu'il ait fallu employer beaucoup d'art, de science, & d'adresse, pour persuader M. Eden de souscrire à ce traité; les Anglois eux-mêmes lui en ont refusé le mérite, prétendant qu'il avoit trouvé en France ſixieme de la valeur de la marchandiſe !

toutes les portes ouvertes, & des négociateurs perſuadés d'avance.

L'exportation de nos eaux-de-vie en Angleterre faiſoit un objet d'environ *deux millions trois cent mille livres* avant que le Roi eût ſupprimé les droits ſur leur exportation. On dit cette exportation doublée par la ſuppreſſion des droits. Elle pourroit l'être, encore une fois, ſi l'on n'étoit pas obligé de l'introduire en Angleterre en contrebande.

Les Marchands de Saint-Quentin eſtiment leur commerce actuel de toiles, de batiſtes, & de linons avec l'Angleterre, à *deux millions cinq cent mille livres*, & penſent que la ceſſation des prohibitions britanniques le porteroit à *cinq millions*.

Qu'on ajoute à ces élémens à peu près connus, l'eſtimation que l'on voudra pour le commerce de nos ſoieries, de nos galons, de nos modes, de nos fleurs artificielles, ſi perfectionnées depuis quelque temps, de nos huiles fines, de nos ſavons, de nos fruits ſecs, de nos confitures, de nos ſels, &c., & l'on verra ſi nous pourrions craindre qu'une liberté réciproquenous faſſe faire, avec l'Angleterre, un commerce déſavantageux.

Nous aurions certainement plutôt à re-

Toute l'adreſſe & toute la ſcience auroient échoué

douter que l'Angleterre ne voulût pas se prêter à cette réciprocité complette ; mais c'est une raison pour en tirer au moins ce que nous pourrons, & par conséquent pour faire un traité de commerce adroitement & savamment discuté, & dans lequel nous paroissions procéder avec la plus grande noblesse, & nous occuper autant des avantages de l'Angleterre que des nôtres.

vis-à-vis d'un homme aussi profondément instruit des intérêts de sa nation, que M. Eden. Quant à la science qu'il falloit lui opposer, c'étoit dans la Nation, du sort de laquelle il étoit question de décider, qu'il falloit la chercher & la puiser, & non dans des services & des systèmes aussi absurdes que ridicules ; c'est ainsi, & ce n'étoit qu'ainsi, qu'on pourra connoître ses véritables intérêts, & éviter de la sacrifier ; c'est à quoi on s'est refusé avec une obstination dont il est bien difficile de démêler la cause ; ce sera aux auteurs à la donner, & aux Etats à en juger.

Nous aurons pour y réussir un puissant secours dans l'orgueil national, qui en Angleterre égare & trompe les meilleurs & les plus profonds esprits, & qui ne leur permet pas d'imaginer qu'une Nation continentale, qui n'est point représentée en Parlement, puisse jamais égaler leur industrie. Nous en avons un autre dans l'extrême influence qu'ont sur les résolutions de la cour & du Parlement d'Angleterre, les réclamations & les clabaudages de leurs manufacturiers & de leurs commerçans de laine & d'acier.

Malgré ces circonstances favorables, on ne peut pas répondre que le traité ait un plein succès; mais on ose espérer qu'il menera du moins à quelque chose de mieux que l'état actuel, & assurer que ce n'est pas de notre côté qu'il faut porter l'esprit de réserve & de prohibition.

Il y a un point de vue général propre à déterminer les deux Nations. C'est qu'il leur est impossible à toutes deux d'empêcher la contrebande réciproque ; mais toutes deux doivent sentir que la contrebande est un commerce désavantageux des deux parts, en ce que ses frais sont plus considérables que ceux du commerce licite, & sur-tout en ce que la contrebande ne peut pas se faire à *double fret utile*, & se procurer des retours.

Le Smogler contrebandier décharge sa marchandise, & fuit, emportant l'or qu'on lui tient tout prêt ; cette manœuvre répétée des deux côtés fait que presque la totalité du commerce entre la France & l'Angleterre s'exécute à faux fret, c'est à-dire, avec une dépense d'armemens & de navigation double de ce qu'elle devroit être pour l'approvisionnement respectif des deux Empires.

Le commerce licite, soumis à des droits réguliers suffisans, mais non pas excessifs, ne perdroit jamais un voyage : chaque vaisseau apportant des marchandises d'une Nation chez l'autre, chercheroit & trouveroit, par les correspondances de ses Armateurs, un retour préparé. Rien n'est plus propre à donner une activité réciproquement favorable au commerce entre les deux Nations, & à faire que les ventes balancent avec exactitude les achats ; ce qui est le plus à désirer pour fonder, entre les deux Nations qui ne sont pas propriétaires de mines, un commerce qui ne soit sujet ni à révolutions ni à pertes, qui présente au contraire du profit sur tous les détails de ses opérations, & la perspective d'une augmentation graduelle proportionnée aux progrès que font naturellement la culture, les sciences, les arts, l'industrie & le commerce pendant la paix.

Si l'on ajoute à cette vue importante la certitude où sont la France & l'Angleterre de maintenir la paix dans l'univers, dès qu'elles ne voudront plus la troubler, & qu'elles se soutiendront réciproquement à la place que leur assignent leur puissance & leurs lumieres, on verra combien il est à désirer qu'un traité de commerce, établi sur des principes de bienfaisance mutuelle, banisse enfin l'esprit de jalousie & de rivalité qui a si long-temps épuisé les forces de ces deux Empires, & porté, par leurs armes, le ravage & la réunion de toutes les especes de malheurs & de crimes dans les quatre parties du monde.

OBSERVATIONS

Sur le contenu de la Lettre de M. Dupont, & ſur le Mémoire qui l'accompagne.

L'ARTICLE ſecond de la lettre confirme, quoiqu'il cherche à le combattre, ce que j'avois avancé au Miniſtre, en lui annonçant que notre travail étoit diamétralement oppoſé, & que la raiſon en étoit, que M. Dupont avoit conſidéré la France telle qu'elle pourroit & devroit être, & moi telle qu'elle étoit.

Tous les détails dans leſquels il entre dans ce nouveau Mémoire, depuis la page 6 juſqu'à celle 12, auxquelles il renvoie, bien loin de détruire, comme il le prétend, la vérité de cette aſſertion, ne ſont au contraire propres qu'à en fournir les preuves les plus convaincantes. On les réſumera.

L'Empire Britannique eſt une terre portée à toute ſa valeur, & même à une valeur exagérée en quelques points, par une adminiſtration très-active.

La France eſt une terre fertile, mais négligée depuis long-temps, des produits & des revenus de laquelle on jugeroit mal par la ſituation où ils ſe trouvent aujourd'hui. Elle peut & doit être conſidérablement enrichie & améliorée, même ne dût-elle avoir qu'une adminiſtration médiocre, car il n'y a preſque rien de fait chez elle que ce qu'elle doit à la nature de ſon territoire & au caractere de ſes habitans. On peut ajouter qu'elle eſt affoiblie par un grand nombre de maladies factices, toutes très-faciles à guérir, &c.

Ce qui ſuit eſt l'énumération de quelques améliorations & réformes qu'on pourroit faire.

Il convient que la France eſt depuis longtemps affoiblie par un grand nombre de maladies factices, & que tout eſt à faire chez elle.

Mais puiſqu'on connoiſſoit ces vérités, comment oſoit-on ouvrir ſes ports à l'Angleterre, dont on confeſſe en même temps les avantages? N'eſt-ce pas la même choſe comme ſi l'on appeloit à lutter enſemble deux hommes, dont l'un ſeroit fort, robuſte, & dans toute ſa vigueur, & l'autre épuiſé à la ſuite de nombreuſes & longues maladies, dont la guériſon demanderoit l'uſage de beaucoup de remedes, & dont la convaleſcence ſeroit néceſſairement fort longue? Que devroit-on attendre du réſultat d'un ſemblable combat, ſi ce n'eſt que ce dernier ſeroit bien vîte battu &

écrasé, sans pouvoir opposer la moindre résistance ?

Tels sont les raisonnemens sur lesquels on a fondé l'opération du traité ; & les conséquences ont été telles qu'elles doivent être, & qu'on le voit dans les Mémoires de la chambre du commerce de Rouen. Est-il possible que la France ait été assez malheureuse pour que ses Ministres se soient livrés à des raisonnemens dont la fausseté étoit si évidente & si frappante ?

En voulant se donuer l'air, dans le reste des Mémoires, dont il seroit trop long d'entreprendre la réfutation & de relever les erreurs, de connoître les maladies si faciles à guérir, il est aisé de voir combien il étoit éloigné de connoître ces maladies, & la nature des remedes dont elles avoient besoin ; s'il les eût connues, il auroit senti qu'elles étoient incurables tant qu'on en laisseroit subsister les causes, & qu'il n'y avoit ni dans les plus forts administrateurs quelconques, & non médiocres, comme il semble qu'il les croiroit suffisans, ni même dans le Roi, de pouvoir ni de forces pour y parvenir. Attaché depuis long-temps à l'administration, comment son expérience journaliere ne lui avoit-elle pas appris ces vérités, & que pour y parvenir il eût fallu changer la nature vicieuse des impôts, les vices de leur répartition & perception ; supprimer les priviléges des Provinces, qu'il ne pouvoit ignorer, étoit un obstacle constant & incompatible avec toute réforme utile ; qu'il falloit enfin changer la constitution. Avoit-il la premiere & la moindre notion de la nature de ces maladies si multipliées, quand il en annonçoit le remede si facile ; ils étoient au dessus des forces des Ministres, quelque zèle, pouvoir, capacité, & énergie qu'on leur supposât ; ou avoient-ils d'ailleurs des ressources & des moyens pour fournir aux peuples ceux de faire toutes les améliorations qu'il suppose si faciles ? Comme si tout cela s'opéroit d'un coup de baguette, & avec la même facilité qu'on se livre dans un Mémoire à des chimeres & à des illusions.

Derechef ces réformes étoient exactement dans la classe des choses physiquement impossibles ; il n'y a qu'à la Nation assemblée & aux Etats Généraux qu'elles étoient possibles, comme ils viennent d'en donner la preuve, & comme on est en état & sera prêt à les leur indiquer, s'ils le souhaitent ; & encore combien de temps, de mesures sages, & de précautions, faudra-t-il pour mettre en exécution ces grands & étonnans changemens qu'ils viennent de décider ; & ne seroit-ce pas une témérité de conseiller une opération telle que celle du traité, même avec la certitude de ces grandes réformes, ſans en attendre les effets, & voir la Nation en état & en force pour en ſoutenir les effets & les conſéquences. Derechef en avoit-on la premiere idée, & étoit-il permis à quelqu'un, attaché à l'adminiſtration, de les ignorer ou de les cacher? En préſentant la facilité de ces remedes, n'étoit-ce pas induire l'adminiſtration en erreur, ou ſuppoſer celle-ci dans la plus profonde ignorance de la véritable poſition des choſes.

C'eſt d'après ces obſervations, ſur leſquelles on ne s'appeſantira pas davantage, malgré tout ce qu'il y auroit à dire de plus, qu'on peut juger des ſyſtêmes & des principes d'après leſquels on s'eſt déterminé au traité de commerce, & d'après leſquels on a décidé du ſort de la Nation, ſans vouloir la conſulter, & au contraire en éloignant les efforts faits pour faire ſentir la néceſſité de conſulter les principales chambres de commerce. Craignoit-on d'être détrompé ou de voir détruire les erreurs, preſtiges, & illuſions avec leſquelles on ſoutenoit ces principes; c'eſt ce dont les Etats ſeront à portée de juger, tant par ces mémoires que par tout ce travail qui prouve la conduite tenue dans toute cette opération, & l'opiniâtreté avec laquelle on a réſiſté aux puiſſans motifs qu'on auroit dû avoir, au moins pour douter & s'arrêter par conséquent avant de conclure. Ce n'est qu'ainsi que les Etats pourront apprécier la conduite des auteurs & des coopérateurs de cette funeste opération.

On a annoncé avec confiance & avec assurance que c'étoit le seul moyen d'éviter la guerre. Voudroit-on persuader que c'étoit au prix de ce traité que les Anglois mettoient la continuation de la paix ? ce seroit ajouter l'imposture à la mauvaise foi, pendant qu'on a en son pouvoir les extraits de la correspondance des Ministres de France en Angleterre, qui fut communiquée dans le temps, qui rendoient compte de l'inutilité de leurs démarches auprès des Ministres d'Angleterre, pour les engager à s'occuper du traité de commerce que les deux Puissances avoient stipulé de former entre elles. C'est ce dont les Etats Généraux sont les maîtres de se convaincre, en demandant communication au département des Affaires Etrangeres, de cette correspondance, & particulierement de celle de M. Bathelemi, chargé pour lors des affaires de France à la Cour de Londres.

C'est ce que les Etats jugeront vraisemblablement devoir vérifier & approfondir, étant très-intéressant qu'ils soient parfaitement instruits de tout ce qui peut les éclairer sur une opération de cette importance, & sur-tout de savoir exactement à quoi s'en tenir sur ses conséquences & ses effets, pour être en état de se décider avec une parfaite connoissance sur la conduite qu'ils croiront devoir proposer au ministere de tenir vis-à-vis de l'Angleterre, relativement à ce traité, soit pour sa continuation, soit pour sa résiliation, s'ils la jugeoient nécessaire. C'est sur quoi, pour leur plus complette instruction, il sera également très-intéressant que les Etats demandent au département des Affaires Etrangeres communication de toutes les plaintes & réclamations que le commerce de France a été dans le cas de faire sur les avanies, injustices, & vexations de toutes especes qu'il a été dans le cas d'éprouver en Angleterre, soit par les excès des Employés des douanes, soit par les interprétations arbitraires & nouvelles lois que cette Puissance s'est permis de faire contre le sens littéral du traité.

La correspondance des Ministres de France & des Consuls en Angleterre, sur ces objets, devra être également intéressante & utile, pour éclairer sur la position du commerce, relativement à ce traité. La réunion de toutes ces notions est absolument nécessaire pour éclairer & guider les Etats dans le choix du parti qu'ils jugeront le plus convenable au bien de la Nation & de l'Etat. C'est sur quoi tout le commerce doit s'empresser d'éclairer les Etats, en leur communiquant tous les détails de tout ce qu'il a éprouvé & souffert en Angleterre.

On croiroit aussi inutile que superflu de présenter rien aux Etats sur ce qui est relatif au fond de cette opération & à ses fatales & funestes conséquences. MM. les Députés qui composent l'Assemblée nationale, en ont tous été témoins dans leurs Provinces; ainsi c'est aujourd'hui sur les faits qu'on peut décider cette grande question.

La chambre de commerce de Rouen l'a traitée à fond dans un Mémoire qu'elle a publié. Le sieur Dupont, présent à l'Assemblée, a attaqué ce mémoire, & a fait l'apologie la plus complette de ce Traité; il l'a noyée dans une multitude de discussions plus propres à l'embrouiller & à la jeter dans un chaos de questions abstraites, qui, sans y être étrangeres, ne pouvoient que produire le chaos & la confusion des idées.

Les Journaux ont rendu le compte le plus étendu & le plus favorable de cette apologie, & de façon à faire juger qu'ils n'ont fait que transcrire l'extrait qui leur aura été fourni par l'auteur.

La chambre de commerce de Normandie a répondu à cette apologie, de façon à la détruire,

truire, comme MM. les Députés sont en état d'en juger par l'examen des pieces pour & contre.

Les Journaux n'ont rendu compte d'aucun des deux Mémoires de la chambre de commerce de Rouen, sans doute parce qu'ils n'en ont pas eu connoissance, parce que la chambre de Rouen, qui ne travailloit pas pour les personnes qui n'étudient ces sortes d'affaires que dans les Journaux, n'a pas jugé sans doute devoir en fournir les extraits à MM. les Journalistes, de façon que le Public, qui n'a de connoissance de cette opération que par ce qu'en ont présenté les Journaux, n'a entendu qu'une partie & ne peut s'en être formé que des idées très-fausses.

On croit devoir ajouter pour son instruction, un trait dont il n'est pas à portée d'être instruit. Le sieur Dupont s'étant trouvé offensé de quelques expressions dont la chambre de Rouen s'étoit servie dans la réfutation de son apologie, lui a adressé ses plaintes, & elle y a répondu dans les termes suivans.

« Nous voyons avec peine que vous ayez à » vous plaindre de quelques expressions que vous » avez trouvé peu mesurées, nous ne vous suivrons pas scrupuleusement dans le détail des » phrases que vous nous citez ; mais sans en

» défendre ni en improuver le ſtyle, nous vous
» prierons de vous placer un inſtant au milieu
» de la calamité déſaſtreuſe où la France eſt
» plongée, triſte réſultat du Traité de com-
» merce avec l'Angleterre, réſultat d'autant plus
» vrai, que nous ſavons que la balance des ſix
» premiers mois de 1788 forme malheureu-
» ſement une preuve de plus en notre faveur,
» & qu'elle eſt encore plus au déſavantage de
» la Nation que celle des huit mois précédens.
» Repréſentez - vous des Provinces floriſſantes
» réduites à l'inaction, nos manufactures anéan-
» ties, les maiſons les plus ſolides ébranlées,
» le fruit de leurs travaux paſſé ſans retour à
» l'Etranger, des millions de bras inutiles à
» l'Etat & à eux-mêmes, la miſere profonde
» occaſionnant le déſeſpoir ou la déſolation,
» voilà les produits du Traité ! Devenir le dé-
» fenſeur, l'apologiſte même d'un pareil acte,
» en ſimuler des avantages qui n'exiſtent point,
» qui n'exiſteront jamais, n'eſt-ce pas outrer la
» dériſion, & tourner le couteau dans le cœur
» de la victime ? Plein de la vive amertume que
» cauſoit à l'auteur un ſemblable tableau, avouez-
» le, Monſieur, étoit-ce bien le moment (1)

(1) Il n'eſt poſſible dans aucun de s'occuper de cette affaire de ſang froid.

» d'exiger de lui qu'il s'astreignît à limer des ex-
» pressions & à aligner des mots? N'a-t-il pas dû
» souhaiter qu'en le lisant, ceux qui existent en-
» core des coopérateurs de ce malheureux Traité
» pussent au moins, en proie à leurs regrets,
» pleurer des larmes de sang, le mal irréparable
» qu'ils ont causé » ?

C'est ainsi qu'a fini la discussion entre la chambre du commerce de Normandie & le sieur Dupont, sur le funeste Traité.

Derechef, on croiroit aussi inutile que superflu de présenter aux Etats rien sur le fond de cette opération, puisque ceux qui ont suivi cette discussion sont peut-être & vraisemblablement parmi le nombre de MM. les Députés, & que le plus grand nombre des autres ont été à portée de juger de cette opération par les effets qu'elle a occasionnés dans leurs provinces.

On croira cependant devoir présenter une observation qui a échappé dans cette discussion. On la croit très-propre à fixer l'opinion qu'on peut se faire sur ses véritables conséquences, pour ou contre le véritable avantage de l'Etat.

Les détails présentés par le bureau de la balance du commerce annoncent que l'universalité des exportations de la France pour l'Angleterre ne comporte qu'une masse générale de 26,276,000 liv.

de valeurs, & que le montant des importations totales de l'Angleterre dans le Royaume s'éleve à 35,294,000 liv. ; d'où on conclut que l'excédant en faveur de l'Angleterre est de 9,018,000 liv. au désavantage de la France.

On ne s'arrêtera pas sur la différence de composition de ces fournitures réciproques, pour faire sentir l'avantage qui peut en résulter en faveur de l'une ou l'autre puissance.

On se bornera à une observation importante.

La valeur de ces marchandises est prise sur les déclarations faites dans les douanes sur lesquelles y sont pris les droits.

On sait en général combien ces déclarations sont infideles, sur-tout quand les droits sont d'une certaine force, & sont pris sur la valeur telle qu'elle est déclarée, & qu'il est impossible d'en vérifier la vérité ; on sait combien les marchands ont & emploient de moyens pour déguiser & diminuer les véritables valeurs pour éviter les droits.

Si l'on en croit ce que le sieur Dupont avance de l'infidélité des Anglois dans leurs déclarations, comme on le peut voir dans la longue digression à folio 54 jusqu'à , il prétend qu'ils l'ont poussée au point que les droits qui devroient monter à dix ou douze pour cent, leur ressortent à peine à deux pour cent, trois ou quatre pour cent au plus.

Si cela eſt vrai, comme on doit le croire d'après l'aſſurance avec laquelle il l'avance & s'appeſantit ſur cette aſſertion, il en doit réſulter néceſſairement que les déclarations que les Anglois ont faites dans les douanes de la valeur de leurs marchandiſes, ſur leſquelles ils ont payé les droits, ſont au moins cinq fois au deſſous de leur veritable valeur; & en ce cas, que leurs marchandiſes, qui, d'après les états du bureau de la balance du commerce, montent à 35 millions, d'après les états qui lui en ont été fournis par les bureaux des douanes, qui ſont le réſultat des déclarations que les Anglois y ont faites, ſur leſquelles ils ont payé les droits, il en réſulteroit, dis-je que ces marchandiſes devroient valoir cinq fois plus, & par conſéquent 175 millions.

Cela paroît impoſſible & par trop exagéré; ce ſeroit cependant la conſéquence néceſſaire de l'aſſertion de M. Dupont.

On convient, derechef, généralement de l'infidélité des Anglois dans leurs déclarations; mais ſans donner foi à une exagération auſſi forte, on peut réduire cette infidélité, ſans crainte d'erreur, à la moitié au lieu des deux tiers & trois quarts ſuppoſés par M. Dupont, & pour lors les 35 millions de valeur des marchandiſes fournies par les Anglois monteront effectivement à 70 millions ; & en ce cas le calcul qu'on devra faire ſera de déduire de cette ſomme les 26 millions fournis par la France ; car cette évaluation ne peut être ſoupçonnée d'infidélité, attendu que les droits de ſortie ſont ſi médiocres qu'ils n'en valent pas la peine. Il reſtera donc 44 millions de balance au déſavantage de la France en faveur de l'Angleterre, & ce ne ſeroit plus les 9 millions annoncés dans le mémoire de la balance du commerce. Ce raiſonnement eſt clair & ſans réplique. Il ramene cette grande queſtion à un terme fixe, d'après lequel la Nation peut juger ſainement & poſitivement les véritables effets du Traité de Commerce. C'eſt à elle à voir ſi elle eſt aſſez riche pour ſupporter annuellement la perte de 44 millions en déduction de ſon numéraire, mais en diminution du travail enlevé à la multitude de ſes ouvriers, auxquels la conſommation des marchandiſes angloiſes a ôté les moyens de vivre, & qu'elle met dans la cruelle alternative ou de périr de miſere ou d'émigrer.

Telles ſont les cauſes qui occaſionnent les maux dont la chambre de commerce de Normandie fait un tableau ſi fâcheux & ſi touchant, comme on l'a vu dans l'article de ſa derniere réponse, rapporté ci-dessus. Tels sont les effets affreux du Traité de commerce. Est-il possible qu'il ait trouvé des auteurs, des coopérateurs, & même des apologistes? La Saint Bathelemi en a bien trouvé!

Mais c'est ce dont il convenoit que les états fussent instruits, & ce qu'on ne pouvoit leur cacher sans crime, sur-tout étant convaincu de la vérité de ces fatales assertions, & ayant fait, avant & pendant la durée de cette funeste négociation, tout ce que pouvoit un subalterne, pour faire ouvrir les yeux au ministere sur l'abîme dans lequel il alloit précipiter la Nation. On verra par ces Mémoires, dont personne n'osera contester la vérité, qu'il présentoit à ces Ministres toutes les raisons qui devoient les faire douter, & au moins les arrêter; c'est tout ce qui étoit en son pouvoir, & encore eût-il pu ou dû être arrêté par la crainte d'indisposer un Ministere qu'il voyoit attaché avec autant d'opiniâtreté à ses principes, sans même vouloir se prêter à prendre les précautions qui au moins l'auroient mis à l'abri des soupçons véhémens & vraisemblables auxquels toute sa conduite ne donnoit que trop lieu de se livrer.

C'est ce dont ces Mémoires & tous ces détails mettront les Etats à portée de juger; mais, derechef, ils sauront à quoi s'en tenir sur les effets de ce Traité, & jugeront si la Nation est assez riche & assez puissante pour les soutenir pendant huit ans qu'il doit encore durer, & si une Nation telle que la françoise, réunie pour éviter sa ruine & sa destruction, est dans le cas de craindre, en le rompant, les inconvéniens d'une guerre, si l'angloise la lui déclaroit pour l'obliger à maintenir ce Traité, ce qui est contre toute vraisemblance.

On finira, en l'exhortant, si elle prend le parti de rompre ce Traité, à observer que dans cette lutte des deux Nations, la françoise ne sera plus, comme ci-devant, une Nation opprimée par la multitude d'erreurs & de vices d'une administration qui la tenoit liée & garrottée, & dans l'impuissance de faire usage de ses ressources; mais qu'elle sera en état de se présenter à ce combat, dégagée de tous ses liens & de ses entraves, en état de donner l'essor le plus libre à ses ressources & à ses moyens, changement heureux qui dépend uniquement des Etats, comme on est dans le cas de le démontrer, s'ils le souhaitent. Ce seroit bien peu la connoître, ou en juger faussement, d'après sa précédente façon d'exister, que de douter qu'elle pourra, si elle y est forcée, s'y présenter avec la plus grande confiance.

LES MÉMOIRES QUI SUIVENT *font partie du grand nombre de ceux que le sieur* BOYETET *n'a cessé de présenter à l'Administration, pour l'éclairer sur tout ce qu'elle avoit à faire pour venir au secours des Provinces qui souffroient plus ou moins des effets du traité de commerce.*

MOnsieur le Contrôleur Général peut juger, par ce que le procès verbal de la généralité de Rouen présente d'intéressant relativement au commerce & à l'industrie de cette généralité, pour arrêter les fâcheux effets du traité de commerce, combien il est important de s'occuper également de tout ce qui intéresse les autres provinces du royaume relativement au même objet, & que comme c'est d'après les mêmes principes que cette partie si importante doit être conduite, & que toutes les mesures à prendre doivent se tenir, se concilier, & s'entr'aider mutuellement, il jugera certainement qu'il n'en peut confier le soin qu'à une seule personne sous ses ordres.

Le grand travail qu'on lui avoit présenté sur cette matiere avant que le mémoire de la chambre de commerce de Normandie & le procès verbal de la généralité parussent, & la parfaite conformité qui s'est trouvée entre eux, peuvent lui indiquer si son auteur sent toute l'importance de cette affaire, en saisit bien toutes les conséquences & les moyens, & s'il est en état de bien remplir cette commission ; il y a d'ailleurs divers autres objets qui y tiennent, tels que la connoiſſance exacte des marchandiſes angloiſes qui entrent en France, leur nature & leur valeur, pour pouvoir juger ſûrement de celles de ce commerce, & du plus ou moins de tort qu'il fait & qu'on en peut craindre.

La façon dont ils payent les droits, pour juger des moyens à employer pour les faire payer exactement ſans manquer au traité.

Enfin la France a admis chez elle une Nation qui l'exploite avec une activité dont on n'a pas d'idée; encore faut-il s'occuper à la ſuivre dans toutes ces opérations avec la plus grande vigilance, ſans quoi elle ne tardera pas à écraſer la plus grande partie de ſon commerce. C'eſt ſur quoi on ne ſauroit trop attirer l'attention de l'adminiſtration. C'eſt dans l'intime conviction de ſon importance qu'on ne craint point d'être importun, en réitérant ſes inſtances, & la demande d'être chargé de cette commiſſion.

C'eſt à la ſuite de ces inſtances, efforts, & ſoins, que M. Boyetet obtint d'être chargé, ou, pour mieux dire, ſe chargea de préſenter à l'adminiſtration tout ce qui avoit rapport aux ſuites du traité de commerce, pour en arrêter, autant qu'il étoit poſſible, es fâcheux effets; & ce fut en conſéquence qu'il obtint d'elle l'établiſſement à Rouen d'un bureau d'encouragement, avec un don de cent mille écus, & celui d'un pareil bureau à Amiens, avec un don de cent quatre-vingt mille livres, l'un & l'autre destinés à faire tous leurs efforts pour mettre l'industrie de leur province en état de résister au fâcheux effet de l'invasion de l'industrie angloise.

Tout le travail compris dans ce recueil, & les nouveaux mémoires qu'on présente, qui sont copie de ceux présentés depuis, successivement, à l'administration, mettront en état de juger si M. Boyetet a effectivement rempli l'importante commission dont il demandoit à être chargé. Elle a excité, comme il l'a dit ailleurs, la jalousie de plusieurs des personnes attachées à l'administration, qui ont voulu le présenter comme un homme qui avoit cherché à se former un département séparé & détaché de leur inspection. Mais pourquoi ne se l'étoient-ils pas formé ces Messieurs, ce département ? & pourquoi M. Boyetet étoit-il le seul qui, en connoissant l'importance, avoit senti la nécessité d'instruire & échauffer l'administration, qui, sans lui, seroit restée dans la plus profonde ignorance & inaction sur un objet aussi essentiel ? C'est ce qu'auroit pu leur répondre, au lieu de se taire, le Ministre à qui tous ces faits constoient, & devant qui furent tenus les propos excités par la jalousie.

Une maladie très-grave, ſuivie d'une convaleſcence très-longue & très-pénible, qui n'eſt pas même encore totalement terminée, a forcé M. Boyetet à abandonner ces ſoins, & à perdre entierement de vue ces objets; ç'eût été une belle occaſion à ces Meſſieurs, pour donner cours à leur zele, qui auroit pu ſe porter ſur toutes les autres provinces qui avoient plus ou moins beſoin des mêmes ſoins & des mêmes ſecours. Mais il craint bien qu'ils s'en ſoient peu ou point mêlés. Cela eût été d'autant plus néceſſaire, que les changemens ſurvenus depuis dans l'adminiſtration, & les occupations majeures dont les Adminiſtrateurs ont été ſurchargés, ne leur ont vraiſemblablement pas permis de s'occuper de ces objets, & que ç'eût été le cas où il eût été très-intéreſſant qu'ils euſſent eu auprès d'eux des perſonnes qui s'en fuſſent occupées, & leur euſſent préſenté tout ce qu'ils avoient à faire pour ſauver le royaume des effets affreux du traité de commerce, tels qu'on les avoit préſentés dans les mémoires de ce nouveau recueil.

LES aſſemblées provinciales & les chambres de commerce du royaume adreſſent toutes leurs repréſentations au gouvernement ſur les maux de toutes eſpeces qu'éprouve le commerce, de l'admiſſion des marchandiſes angloiſes, & ſur la ruine totale dont il eſt menacé. Ce devoit être l'effet néceſſaire du traité. On l'avoit annoncé pendant ſa négociation & avant ſa concluſion. Depuis, on n'a pas ceſſé de préſenter les moyens de ſe mettre en état d'arrêter ces fâcheux effets, & la néceſſité de s'en occuper ſans perte de temps & avec toute l'activité qu'exige une affaire auſſi importante. On a la ſatisfaction de ſe trouver dans ces moyens parfaitement d'accord avec ceux qu'à préſentés depuis la chambre de commerce de Rouen & l'aſſemblée provinciale de cette généralité. C'eſt ſur quoi on préſente un nouveau travail à M. le Contrôleur Général.

Cette aſſemblée ne demande que cent mille écus pour cette année ſeulement, pour l'exécution des moyens qu'elle propoſe. Ce fonds paroît trop borné. Il eſt vrai qu'elle compte ſur les ſecours qu'elle trouvera dans le zele & le patriotiſme du commerce, & des propriétaires riches

& aiſés de la généralité. C'eſt, comme on l'a expoſé dans le rapport, l'occaſion de ranimer & exciter ce zele & ce patriotiſme, qui étoient preſque détruits, & qui ſont ſi intéreſſans, ſurtout quand on les tourne vers des objets auſſi importans de bien public.

Mais ces efforts ne ſuffiſent pas s'ils ne ſont pas ſoutenus par des ſecours d'argent plus abondans. D'ailleurs, il faut conſidérer qu'il faut porter les mêmes moyens dans preſque toutes les généralités, & qu'aucune n'a les reſſources de celle de Rouen.

Il n'eſt pas queſtion, dans cette circonſtance, d'éviter la ruine de quelques fabricans & marchands, mais bien celle des branches d'induſtrie qui font vivre le plus de monde, qui donnent la valeur aux productions du ſol, & qui produiſent, par leur conſommation & opérations de toutes eſpeces, des droits conſidérables. Il eſt queſtion de conſerver au Roi & à ſes peuples tous ces avantages, & enfin d'aſſurer la conſervation d'une partie aſſi eſſentielle comme l'eſt celle du commerce. Car il ne faut point s'abuſer, elles ſe tiennent toutes, & la perte des unes entraîne ſûrement celle des autres. C'eſt ce qu'on voit en Eſpagne & en Portugal, où la négligence & la perte de leur ancienne induſtrie, & l'admiſſion de celle étrangere, & particuliere-

ment

ment de celles angloises, ont ruiné totalement l'industrie, l'agriculture, & le commerce. C'est le sort dont la France est menacée si elle se néglige un instant sur les moyens à prendre pour arrêter ces funestes effets. Ils existent ces moyens, & rien ne peut l'empêcher de les prendre. Ils présentent même ceux, comme on l'a avancé il y a long-temps, non seulement d'arrêter les maux dont elle est menacée, mais même de rendre à son commerce toute l'étendue & la supériorité dont il est susceptible, en forçant l'administration d'ouvrir les yeux sur tous les vices & les abus qui l'ont amené au point de dépérissement où il est tombé.

C'est donc le moment où le gouvernement se trouve dans la nécessité indispensable de faire les plus grands efforts, tant pour arrêter les maux pressans qu'il éprouve, que pour se procurer ces grands avantages.

L'état de ses finances lui en ôte la possibilité; mais la destruction du commerce la menace de pertes bien plus considérables que les sacrifices nécessaires dans ce moment : & quel sera leur dépérissement si on en laisse détruire les sources!

Quand on supposeroit que ces sacrifices pussent monter à trois millions dans cette année, &

à la même ſomme, répartie dans les trois ſuivantes, ce qui eſt exagéré, ſur-tout ſi on met dans ces dépenſes l'intelligence, la ſuite, & l'économie néceſſaires pour en aſſurer le ſuccès; qu'eſt-ce que c'eſt que cette ſomme en comparaiſon des maux qu'il s'agit d'éviter, & des avantages qu'il eſt queſtion de ſe procurer?

Quel eſt le département dans lequel il n'y ait des entrepriſes couteuſes, qui, quoiqu'utiles, ne puiſſent pas être ſuſpendues & renvoyées à un temps où les finances ſoient plus en état d'y pourvoir? Si on faiſoit dans cet eſprit l'examen des dépenſes de chaque département, on y trouveroit certainement & facilement les moyens de ſe procurer les ſommes dont on a dans ce moment un beſoin ſi urgent. Derechef, il n'y a point de milieu, ou il faut ſe décider à faire ces ſacrifices, ou il faut s'attendre à perdre l'induſtrie & le commerce du royaume, & à toutes les ſuites funeſtes qui en ſont la conſéquence inévitable. C'eſt ſur quoi on ne craint point de renouveler ſes inſtances pour attirer l'attention du gouvernement.

Les réclamations du commerce de Sédan ſur la ruine totale & prompte dont cette fabrique intéreſſante eſt menacée, ſont une nouvelle preuve de cette néceſſité, & de la vérité de ce qu'on a avancé ſur la liaiſon intime de toutes les branches de commerce, & ſur l'influence réciproque qu'elles ont les unes ſur les autres. On ſe réfere au mémoire particulier ſur cette affaire.

LE traité de commerce avec l'Angleterre jette le commerce de France dans la crise la plus violente & la plus fâcheuse ; il ne faut point se le dissimuler, il faut toute l'énergie, toute l'intelligence, toute la suite & tous les efforts possibles, pour parvenir à en arrêter les effets.

On n'est frappé à Paris que des beaux ouvrages d'acier que les Anglois fournissent, & on se repose sur les efforts de l'établissement fait aux Quinze-Vingts & ailleurs. On auroit raison si leur commerce se bornoit à ces objets de luxe, dont la valeur d'ailleurs a des bornes, parce qu'avec quelques soins on parviendra certainement à faire aussi bien qu'eux, & à ne point craindre leur concurrence ; mais c'est sur les objets de la consommation du peuple en étoffes de coton & de laine, que cette concurrence est terrible, & les menera certainement au point d'écraser la plus grande partie de l'industrie françoise dans ces objets, qui est immense & répandue dans tout le Royaume, de façon que peu à peu & sans s'en appercevoir, la France se trouvera réduite au point où sont l'Espagne & le Portugal, dont les Anglois sont parvenus à habiller plus des trois quarts de la Nation.

Tel est le sort dont est menacée la France, & c'est vers ce but que les Anglois marchent à grands pas, par l'activité avec laquelle ils se répandent dans toutes les Provinces du Royaume, où ils établissent des magasins abondamment pourvus de toutes leurs marchandises. Or étant assurés de les donner à quinze & vingt pour cent meilleur marché que celles de France, peut-on douter de leur succès ? Cette révolution ne sera sans doute pas le fruit d'un moment, il faut quelque temps avant qu'elle soit complette. Mais, derechef, l'activité avec laquelle les Anglois s'y portent en accélerera l'exécution.

Telle est & a été leur conduite en Espagne ; leur succès y est complet. C'est ce qu'on a été souvent dans le cas de représenter à son administration, qui, uniquement frappée des objets de luxe qu'y porte le commerce de France, ne porte ses efforts que vers les moyens de s'en affranchir, en se mettant en état d'y pourvoir par elle-même, & ferme les yeux sur le commerce sourd & moins frappant des Anglois qui habillent tout le peuple, ce qui est mille fois plus considérable que le commerce de luxe, qui n'a pour objet que la consommation de la cour & quelques gens riches.

C'est d'après cette longue expérience & la connoissance particuliere qu'on avoit des avantages de toutes especes des Anglois dans le commerce, qu'avant & pendant la négociation de ce traité, on a présenté à l'administration tous les détails qui pouvoient, & l'éclairer sur les conséquences de ce traité, & l'éloigner d'y souscrire. C'est ce que démontrent les divers mémoires présentés pour lors. Ces efforts ont été inutiles, & les faits ne prouvent malheureusement que trop combien ils étoient fondés.

Depuis sa conclusion, comme les plaintes contre, devenoient inutiles, on s'est occupé à chercher les moyens d'en arrêter les effets, & on a présenté tous ceux que l'on jugeoit propres à remplir un aussi important objet.

Ces moyens sont de deux especes; se procurer les mécaniques qui donnent tant d'avantages aux Anglois dans les étoffes de coton & dans les quincailleries, & améliorer la race des moutons.

On a eu la satisfaction de se trouver parfaitement d'accord avec tout ce qu'a présenté depuis la chambre de commerce de Normandie, & l'assemblée provinciale de la généralité de Rouen, sur ces mêmes objets.

On a envisagé de plus cette matiere sous un autre point de vue non moins intéressant & non moins nécessaire. Chaque Nation suit des principes différens dans la conduite de son commerce & de son industrie, dans les droits, impôts, formalités, &c. auxquels ils sont sujets, ainsi que dans leur législation. Ces principes ont nécessairement la plus grande influence dans le plus ou moins de prospérité de cet objet. La concurrence établie entre elles par le traité rend donc indispensable d'examiner & approfondir cétte partie, pour connoître les avantages que le régime anglois donne à son commerce sur celui de France, pour délivrer celui-ci de tout ce qui gêne & arrête ses succès. Il est évident que si on les laissoit subsister, cela suffiroit pour détruire les effets favorables qu'on doit attendre des efforts que l'administration fait pour mettre l'industrie françoise en état de soutenir la concurrence de celle angloise.

Revenant aux premiers moyens, on a présenté à M. le Contrôleur Général le résultat du travail de la chambre de commerce de Normandie & de l'assemblée provinciale de la généralité de Rouen; il a senti la nécessité de leur fournir les moyens de travailler efficacement à mettre cette Province en état de lutter contre l'Angleterre; & en conséquence, il y a établi un bureau d'encouragement uniquement chargé de s'occuper de ces moyens, & lui a accordé cent mille écus pour y pourvoir. L'intelligence & le zele des personnes qui composent ce bureau, joints aux ressources de cette province, répondent du succès de ses efforts ; ils serviront d'exemple pour la conduite à tenir vis-à-vis des autres provinces, qui n'ont pas moins besoin de secours & d'efforts dans le même genre. La Picardie & la Champagne sont dès à présent dans le même cas, & successivement toutes les autres y tomberont. C'est sur quoi on présentera à M. le Contrôleur Général, soit le résultat de leurs représentations, soit celui de ce que contiennent, sur ces objets, les procès verbaux de leurs assemblées provinciales.

Derechef, le bureau de la généralité de Rouen sera du plus grand secours ; c'est par lui qu'on obtiendra toutes les mécaniques nécessaires pour établir les marchandises aussi parfaites & à aussi bon marché que les angloises, & qu'on se mettra en état de les répandre dans les autres provinces. C'est également & particulierement par les soins de ce bureau, qu'on parviendra à se procurer des beliers & des brebis angloises, nécessaires pour améliorer & remonter la race des moutons dans les provinces où il conviendra de le faire.

Il restera sur ce dernier objet, si abandonné dans tout le Royaume, & cependant si important, puisque lui seul peut faire une des principales sources de ses richesses, comme il l'est en Angleterre, à s'occuper des moyens de remonter les races de moutons dans tout le Royaume ; c'eſt ſur quoi on ſe propoſe de préſenter à M. le Contrôleur Général les moyens qu'on juge les plus propres pour y parvenir.

Enfin il réſultera ſûrement de ces efforts les deux révolutions les plus intéreſſantes, celle de perfectionner l'induſtrie du Royaume, de la tirer de l'eſpece d'engourdiſſement dans lequel elle étoit plongée, & de la monter au niveau de celle angloiſe ; & celle de changer & améliorer la race des moutons dans tout le Royaume, & porter leurs laines à tous les degrés de fineſſe dont elles ſont ſuſceptibles. Telle eſt la perſpective des efforts, des ſoins, & des peines de l'adminiſtration ; peut-elle les porter ſur des objets plus intéreſſans, & qui puiſſent contribuer plus efficacement à la richeſſe de l'État ?

Mais tous ces efforts, ces ſoins & ces peines deviendroient inutiles & infructueux, ſi on laiſſoit ſubſiſter les vices qui regnent dans l'adminiſtration & la légiſlation du commerce. C'eſt ſur quoi on a cherché depuis long-temps a attirer l'attention du Gouvernement, & c'eſt à cet effet qu'on a propoſé à M. le Contrôleur Général de répandre, dans tout le Royaume, une inſtruction, pour engager le commerce à préſenter tout ce qui le gêne & le vexe dans ſes opérations & dans ſa marche, en le ſurchargeant de droits, frais & formalités inutiles & nuisibles à ses succès. Par ce moyen, l'administration aura un tableau général & exact de tout ce qui se passe sur tous ces objets, & sera en état de se décider par elle-même sur les faits, & non sur les opinions isolées & souvent suspectes ou d'ignorance, ou de partialité, ou d'esprit de système, auxquelles elle s'est livrée le plus souvent jusqu'à présent.

C'est par tous ces moyens, réunis & suivis avec exactitude, zele & intelligence, & soutenus par les dépenses nécessaires, que l'on parviendra à arrêter les fâcheux effets du traité de commerce. On ne craindra point d'y insister & de répéter que ce n'est que par eux qu'on y parviendra : ils étoient nécessaires depuis long-temps ; mais le traité de commerce en impose aujourd'hui la loi la plus pressante.

Tous les Mémoires précédens présentent les divers genres d'avantages que les Anglois ont sur les François dans plusieurs branches importantes de commerce ; mais ils présentent en même temps les moyens de les faire cesser, & de mettre le commerce de France en état de les surmonter.

La France a en elle-même, par sa position, par les divers climats de ses provinces, & par leur fertilité, toutes les ressources possibles ; elle a, par le génie & l'activité de ses habitans, tous les moyens pour en tirer tout le parti dont elles sont susceptibles. Par quelle fatalité, au milieu de tant de ressources & de tant de moyens, est-elle si arriérée sur tant d'objets ? perd-elle tous les jours les avantages dont elle étoit en possession ? laisse-t-elle épuiser & tarir les sources des richesses ? & elle, qui étoit dans le cas d'avoir la supériorité & la prépondérance par-tout, est-elle dans le cas de recevoir la loi de tout le monde ?

C'est dans les négligences, dans les erreurs, & dans les vices de son administration qu'on en trouve la cause. Ce n'est point le fait de tel ou tel Ministre, c'est celui de tous, ou, pour mieux dire, des faux principes qu'elle a adoptés ;

& qu'elle suit depuis long-temps dans l'administration de la partie dont dépendent plus particulierement la richesse, la force, & le bonheur des Nations, celle du commerce & des finances.

Oubliant depuis long-temps les vrais principes, elle s'est égarée & précipitée successivement dans des écarts qui l'ont amenée par degrés à porter les coups les plus funestes aux sources des richesses.

Tel a été l'effet des diverses compagnies de finances auxquelles elle a abandonné la perception des impôts, celui de la nature même de ces impôts, & celui des désordres & des abus de toute espece qui ont régné dans leur répartition.

Tel a été également celui des faux principes auxquels a été livrée l'administration de tout ce qui a rapport à l'industrie & au commerce.

Aveugle sur les conséquences & sur leurs causes, dans les occasions fréquentes de guerres qui ont exigé des dépenses extraordinaires, elle a cherché des ressources dans des emprunts dont la facilité l'a séduite, & dont elle a abusé au point de porter ses engagemens à un taux si excessif, que, forcée d'augmenter les impôts à proportion, pour payer les intérêts, ils ont passé la mesure de ce que les objets sur lesquels ils tombent, peuvent supporter, de façon que les sources en ont souffert, & tendent à leur destruction.

Telles ſont les principales cauſes de l'état où ſe trouve la France ; c'eſt ce que prouvent & démontrent les mémoires qu'on a préſentés ſur ces différens objets. Ils prouvent en même temps qu'il y a des moyens d'y rémédier, & les indiquent. C'eſt ce dont on ſe convaincra quand on voudra y donner toute l'attention que mérite une matiere auſſi importante. Il eſt temps d'ouvrir les yeux ; c'eſt dans la deſtruction des vices, des erreurs, & des faux principes auxquels on s'eſt livré depuis ſi long-temps, qu'on peut ſeulement trouver le remede. Tant que ces cauſes ſubſiſteront, le mal continuera, & ira toujours en empirant : tout autre moyen, quel qu'il ſoit, pourra bien fournir quelques reſſources & pallier le mal, mais elles ne ſeront que précaires & momentanées, éloigneront la poſſibilité des remedes, & ne feront que précipiter de plus en plus dans l'abîme où on eſt plongé.

CONCLUSION.

La publication de ce Recueil pourra paroître déplacée & même dangereuse. Elle sera certainement déplacée aux yeux des gens qui, après avoir sacrifié la Nation à l'Angleterre, par une ignorance & une opiniâtreté aussi indéfinissables qu'inexcusables, pour se mettre à l'abri de son trop juste ressentiment, ont cherché à lui en imposer, en livrant cette question à une discussion si embrouillée, qui, bien loin de l'éclairer, n'a été propre qu'à la tromper sur les véritables effets de cette fâcheuse opération. C'est donc pour dissiper cette illusion & l'éclairer completement, qu'on n'a pas cru pouvoir garder plus long-temps le silence.

Quant au danger que les mêmes personnes ne manqueront pas de faire valoir & d'exagérer, même en proportion de la terreur panique dont ils affecteroient d'être pénétrés, & qu'ils voudroient faire partager & inspirer à la Nation, toujours avec l'objet de détourner ses yeux de dessus leur conduite ; quelques observations pourront rassurer sur ces craintes.

Ce traité, comme on s'en convaincra par tous les détails contenus dans ce Recueil, est ruineux pour la France. Elle n'est pas assez riche pour pouvoir le supporter plus long-temps, puisqu'il lui coûte au moins cent millions de son numéraire effectif, & certainement la perte tous les ans de plus de cinquante mille ouvriers, peres de famille réduits à la misere, ou à la nécessité d'émigrer. La France est-elle, derechef, assez riche pour soutenir plus long-temps un pareil traité, qui consommeroit en peu d'années sa destruction totale ? L'Angleterre n'a-t-elle pas recueilli abondamment le fruit dé l'illusion grossiere qu'elle a su faire au ministere de France ?

Prétendra-t-elle la soutenir à main armée, & forcer la Nation à être plus long-temps la victime de l'ignorance de son Gouvernement, au risque de la porter aux excès d'un désespoir dont la destruction totale de l'une ou de l'autre Nation pourroit seulement fixer le terme & les bornes, & au risque de produire, sinon les mêmes effets, au moins de très-fâcheux pour elle dans les autres Nations qui admettent chez elles son commerce, qui ne pourroient marquer de se soulever contre une Nation qui prétendroit soutenir par la force les tributs qu'elle a su leur imposer, auxquels elle ont eu la foiblesse de souscrire & de se prêter. Seroit-il surprenant qu'elles fissent toutes cause commune, & se réunissent pour fermer toutes généralement leurs portes à son commerce ?

D'ailleurs, pour faire cesser les fâcheux effets de cette funeste opération, est il nécessaire de la rompre avec un éclat qui puisse autoriser l'Angleterre à prendre lés armes ? La Nation est la maîtresse de secouer ce joug & ce tribut sans y donner le moindre prétexte ; chaque François n'est-il pas le maître de s'imposer la loi de ne point consommer de marchandises angloises ? Et le commerce, tant en gros qu'en détail, ne l'est-il pas aussi de s'imposer celle de ne faire aucune espece de commerce de marchandises angloises, & même de vouer à l'indignation publique quiconque y manqueroit ? Ne doit-il pas même donner cette marque éclatante de son patriotisme ? Et la Nation n'est-elle pas dans le cas de l'exiger & de l'attendre même de lui ?

Dans un moment où la Nation est assemblée, & où le fâcheux état des finances exige d'elle les efforts de son patriotisme, peut-elle les tourner vers un objet qui soit effectivement plus utile & plus nécessaire même pour le bien général de l'Etat ? Et peut elle balancer à prendre ce parti, si elle se remplit bien, comme elle le peut par tous les détails contenus dans

ce

ce Recueil & dans les mémoires de la chambre de commerce de Normandie, des torts affreux que ce traité fait à toute la Nation. D'ailleurs ces traits de patriotisme ne sont & n'ont-ils pas été de tous temps très-fréquens & publics en Angleterre, qui a toujours fourni des exemples nombreux des engagemens volontaires que des sociétés, dans toutes les classes de la Nation, contractent de ne point consommer de marchandises de France, & de se borner absolument à ne consommer que celles des manufactures du pays? Des sociétés de Dames n'ont-elles pas souvent donné l'exemple de s'imposer la même loi, & ne s'y sont-elles pas soumises avec la plus grande exactitude? Ces exemples ne sont-ils pas très-fréquens en Angleterre, & publiés dans toutes leurs gazettes? Et est-il jamais venu dans la tête d'aucun François, ni de son Gouvernement, de les regarder comme des actes d'hostilité dignes d'être réprimés par les armes?

Pourquoi les François ne seroient-ils pas capables de se livrer au même patriotisme? Peut-il être mieux placé que dans les circonstances présentes, où il est si intéressant d'avoir recours à tous les moyens de soutenir & relever l'industrie nationale, que ce traité ruine & est capable de détruire entierement?

On trouvera dans ce recueil le fonds de toutes

ces réflexions & obſervations, & qu'il y a long-temps qu'on avoit ſuggéré ces moyens, comme les ſeuls propres à mettre la nation en état de ſecouer le joug que ſon gouvernement lui a imposé ſans la conſulter, & de faire ceſſer le ſacrifice qu'il a fait de ſes intérêts. Elles pouvoient paroître pour lors comme des chimeres impoſſibles dans leur exécution; mais ſous le régime actuel, ou ſous celui qui s'ouvre aujourd'hui à la France, tout devient poſſible, & tous les obſtacles s'applaniſſent vis-à-vis du patriotiſme dont la nation eſt ſuſceptible.

Il ſeroit ſans doute très-fâcheux pour elle, dans les circonſtances préſentes, qu'elle fût dans le cas de craindre les effets du reſſentiment de l'Angleterre; mais indépendamment de toutes les raiſons préſentées pour diminuer ces craintes, & les faire même partager à l'Angleterre elle même, la nation eſt-elle arrivée au point de dépériſſement & d'impuiſſance tel qu'elle ſoit forcée de ſubir un joug auſſi honteux; & la terreur lui en impoſera-t-elle aſſez pour ne pas oſer prendre, même chez elle, les meſures que ſa propre conſervation exige d'elle? Si ſon gouvernement continuoit à être aſſez aveugle pour foiblir dans cette circonſtance, ne doit-elle pas le forcer, & lui fournir les moyens de réſiſter?

Ce ſeroit la juger bien mal que de croire,

parce qu'on la voit dans le désordre & l'abîme où l'ont plongée toutes les erreurs de son gouvernement, qu'elle ne conserve aucune ressource & qu'elle a même dégénéré au point d'avoir perdu tout sentiment d'honneur, & qu'on peut l'insulter & lui imposer despotiquement des loix impunément; ce n'est pas dans le moment où elle est rassemblée qu'on peut se flatter que des terreurs paniques soient capables de l'intimider; on en devroit attendre, au contraire, & craindre même qu'elle ne donnât dans toutes les extremités auxquelles devroit nécessairement se porter une nation sacrifiée & outragée, & qu'il en résulte une animosité qui ne finiroit qu'avec elle. Enfin de quelque nature que soient ces risques, qu'elle les encoure & les affronte même plutôt, que de se déshonorer à jamais en mettant le comble aux humiliations de toutes especes auxquelles l'ont vouées les erreurs de son gouvernement.

Quand les deux Nations voudront s'entendre, il sera aisé de leur faire voir que bien loin de continuer à se livrer à une haîne & une rivalité qui sembleroient ne devoir avoir d'autre objet que celui de s'exterminer réciproquement, & d'autre fin que la réussite de part ou d'autre; leurs véritables intérêts devroient, au contraire, les engager à se rapprocher. Tel fut le point de vue sous lequel j'envisageai & présentai cette grande question dans le premier travail que je fournis sur cette matiere, comme on le voit dans ce recueil; il ne fit aucune impression, parce que d'un côté on avoit à faire à un Ministre enveloppé dans le nuage obscur de son systême politique, qu'il seroit bien difficile de définir, secondé d'ailleurs par des coopérateurs ignorans, opiniâtres, fanatiques, & visionnaires, & de l'autre côté à un autre Ministre qui, entraîné par sa légereté & son inconséquence naturelles, étoit incapable pour lors d'avoir un systême à lui, & n'en pouvoit avoir d'autre que de se livrer aveuglément à un Ministre de la protection duquel dépendoit son existence.

Telles furent les causes qui empêcherent l'effet des tentatives & insinuations présentées infructueusement dans mon premier travail.

Ces vues & les moyens de les réaliser existent encore, & il seroit facile de les développer; mais il y auroit de l'imprudence à le faire dans les circonstances présentes. Il faut nécessairement attendre que la Nation assemblée ait terminé les grands objets qui doivent fixer sa constitution sur un pied qui la rende fixe, invariable, & dégagée de la multitude de vices qui l'ont opprimée, qui la rende enfin à elle-même, & en fasse une nation qui, après avoir fixé & arrêté, comme elle le peut, les moyens qui doivent opérer sa régénération & sa libération, & réglé son administration intérieure sur le meilleur pied possible, puisse s'occuper de tous ses intérêts, y veiller, & se livrer à l'examen & à la discussion des objets extérieurs, & embrasser toutes les parties qui forment son système politique.

Ce ne sera donc que quand elle sera parvenue à ce point & qu'elle se sera mise en cette mesure, ce qui dépend absolument d'elle, qu'elle pourra & qu'il lui conviendra de se livrer à ces intéressantes discussions, & que je serai empressé à lui fournir tout ce qu'une longue expérience, accompagnée de beaucoup de méditations, m'a mis en état de suggérer avec quelque confiance.

Fin de la II. & dernière Partie.

www.ingramcontent.com/pod-product-compliance
Ingram Content Group UK Ltd.
Pitfield, Milton Keynes, MK11 3LW, UK
UKHW020556180726
13838UKWH00001B/282